Gesundheit aus dem Klostergarten

Dr. Dietmar Thönnes
Schwester Blandina Paschalis Schlömer
Pater Heribert Kerschgens

Gesundheit aus dem Klostergarten

Kräuterwissen • Heilfasten • Meditation

GONDROM

Redaktion: Marion Zerbst
Redaktion dieser Ausgabe: Dr. Iris Hahner, Beate Kunze
Fotos: Bildarchiv Preußischer Kulturbesitz: S. 19, 22, 48; Werner Richner: S. 6, 9, 86/87, 94, 99, 101, 109, 112; WZ Media: S. 39
Covergestaltung: HildenDesign, München
Umschlagfoto: Karlheinz Büttner, Wasserburg/Inn

Wichtiger Hinweis:
Die Ratschläge in diesem Buch sind von den Autoren und vom Verlag sorgfältig erwogen und geprüft. Jede Leserin und jeder Leser ist jedoch für sein eigenes Handeln selbst verantwortlich. Alle Angaben in diese Buch erfolgen daher ohne jegliche Gewährleistung oder Garantie. Eine Haftung der Autoren bzw. des Verlags und seiner Beauftragten für Personen-, Sach- und Vermögensschäden ist ausgeschlossen.

003

ISBN 3-8112-2278-3

5 4 3 2

Inhalt

Jahrhundertealte Schätze aus der Klosterapotheke

„Als ich das mächtige Tor durchschritten hatte, eröffnete sich ein weiter Innenhof, in dessen Mitte ein gewaltiger Kastanienbaum stand. In seinem Schatten luden ein Brunnen und eine kleine Bank zum Verweilen ein. Langsam erfasste mich ein tiefer Frieden, eine innere Stille, die ich so lange schon gesucht hatte."

Nicht selten umgibt die Welt der Klöster eine ganz besondere Aura, der sich kaum jemand entziehen kann. Ob man sich die christlichen Klostergemeinschaften vorstellt oder an asiatische religiöse Konvente denkt – die Ausstrahlung ist immer eine ähnliche.

Da leben Menschen in einer Gemeinschaft zusammen, an einem besonderen Ort, besonders gekleidet, und sie feiern besondere Riten und beschäftigen sich in der Regel mit Dingen, die sie innerhalb eines eingegrenzten Terrains tun können. Das alles muss nicht weiter verwundern, und doch haben die gefeierten Kulte, das zelebrierte und stilisierte Leben eine ganz besondere Ausstrahlung. Allein die Orte, die vor unserem geistigen Auge heraufziehen, wenn wir das Wort „Kloster" hören, sind Stätten, die anders aussehen, als wir uns gemeinhin ein Wohnhaus vorstellen. Hohe Mauern, eine Kirche, große, stattliche Gebäude, oftmals Landwirtschaft dabei und Gärten – Obst- und Gemüsegärten, aber auch kleine, symmetrisch angelegte Kräutergärten und Gärten, in denen man still seine Runden drehen kann, zur Meditation, zur Besinnung, zur Freude der Seele. Von solchen alten Gebäuden geht ein besonderer Reiz aus: Nicht selten bergen sie Geheimnisse oder Unverständliches. So mancher Krimi spielt im Kloster, was sicher ein deutlicher Beleg für die besondere Atmosphäre solcher Orte ist.

In den letzten Jahrzehnten hat man manche alternative Lebensform wieder entdeckt. Dazu gehören auch Formen und Elemente der monastischen, das heißt klösterlichen Tradition. Gerade auf dem Gebiet der Naturheilkunde und der Alternativmedizin greift man wieder gerne auf das zurück, was unsere Großmütter noch wussten, was aber in unserer immer schnelllebigeren Zeit verloren gegangen ist. Zu den positiven Seiten des Klosterlebens mit seinen ganz festen Regeln und Gesetzen gehört auch der bewusste Umgang mit dem eigenen Körper. Das kann sowohl bewusste Verdrängung in der Enthaltsamkeit als auch ein bewusstes Sich damit-Beschäftigen in der klösterlichen Naturheilkunde heißen.

Schaut man sich Grundrisse von alten Klosteranlagen an, stellt man fest, dass die Klosterapotheke in der Anordnung der Räumlichkeiten eines solchen Gebäudekomplexes eine wichtige Rolle spielt: Sie ist der Dreh- und Angelpunkt der medizinischen Versorgung – zumindest was die Aufbewahrung und Verarbeitung der Heilpflanzen und -kräuter angeht. Zur Diagnose und zum Anfertigen der Arzneien kommt immer auch ein bewusster und reflektierter Umgang mit der Krankheit dazu. Ein so entschiedener und geschlossener Lebensentwurf, wie er im Klosterleben zum Ausdruck kommt, beinhaltet nicht nur die Beschäftigung mit Mitteln gegen oder für etwas, sondern stellt vieles in einen Zusammenhang von Leib und Seele.

Die Mediziner heute sprechen von Psychosomatik und meinen, dass ein direkter Zusammenhang vieler Krankheiten mit dem psychischen Befinden des Patienten besteht. In der klösterlichen Tradition, wie sie beispielsweise durch Hildegard von Bingen vertreten wird, war diese Erkenntnis noch völlig selbstverständlich. Diese Tradition ging sogar noch weiter, denn sie stellte die Krankheit in ein Gedankengebäude hinein, das aus mehr Räumen bestand als aus Leib und Seele. Gedanken um das Heil der Seele, das Erlöstsein, ein sinnerfülltes Leben und Arbeiten oder ein gutes Sterben gehörten selbstverständlich mit in diesen Kontext hinein. Das sind geschlossene gesellschaftliche und kulturelle Formen, die wir heute so nicht mehr kennen. Deswegen ist eine Entdeckungsreise durch die Klosterapotheke mit ihren vielen Fläschchen, Dosen und Tiegeln ein Rundgang, auf dem sich alle anschließen können, die immer wieder neu dem Leben und dem Heilwerden auf die Spur kommen möchten.

Vom Klostergarten und von anderen heilsamen Orten

Nicht erst seit der Wiederentdeckung der heiligen Hildegard von Bingen und ihrer Schriften erkennen mehr und mehr Menschen, dass die klösterliche Lebensart in vielen Klöstern einen Schatz bewahrt hat, der viel bedeutsamer ist, als das in einem Rezeptbuch der Naturheilkunde deutlich werden könnte. „Klostergarten" meint hier nicht einen Ort, der eine heilende oder beruhigende Ausstrahlung hat, sondern bezeichnet eine ganze Weltsicht, eine Grundhaltung. Kein Mensch, der „in der Welt" lebt, kann sich vollkommen an einem vorbildlichen klösterlichen, möglicherweise sogar kontemplativen Leben orientieren. Es gibt jedoch vieles, was wir heute aus der Kultur und Tradition der Klöster für uns und unseren modernen Alltag fruchtbar machen können. Gerade die mittelalterlichen Klöster haben eine Heiltradition praktiziert und schriftlich niedergelegt, die bereits von den Botanikern beziehungsweise Ärzten der Antike entdeckt und dann von Generation zu Generation überliefert und so bewahrt wurde. Inzwischen ist die Pflanzenmedizin („Phytomedizin") ein eigener Zweig der modernen Wissenschaften geworden.

Die Renaissance der Hildegard-Medizin ist nur ein Phänomen, das deutlich zeigt, dass die Bedeutung der natürlichen und ganzheitlichen Methoden groß und ihre Anwendung wirksam und heilend ist. Stellen wir uns einen alten Klostergarten vor, seine klaren Strukturen, die Einteilung in einen Teil, der die Sinne anspricht,

der Ruhe und Ordnung ausstrahlt, seine angenehm duftenden Pflanzen. Und denken wir an den anderen Teil, der nützlich nahe der Küche und der Wirtschaftsgebäude gelegen ist, in dem Kräuter und Gewürze für die Zubereitung von Speisen und zum Heilen wachsen. Die Stimmung, die von solchen realen Orten ausgeht, ist faszinierend. Wir Menschen können auf einer schattigen Bank Platz nehmen, in Ruhe die Natur betrachten, über unser Leben nachdenken und werden uns angesichts der Rhythmen der Natur in ihrem Werden und Vergehen unserer eigenen Vergänglichkeit bewusst. Solche Orte weisen uns darauf hin, dass vielschichtige Wellenbewegungen unser Leben begleiten, immer wieder geht es auf und ab, immer wieder gibt es Spannung und Entspannung, immer wieder Fest und Alltag. Beides ist untrennbar miteinander verknüpft: das Innen und das Außen.

Auf sanfte Weise kann der Mensch sich die Kräuter und Pflanzen der Natur zunutze machen und mit natürlichen Mitteln in diesen Kreislauf eingreifen. In keinem Fall kann dieses Buch allerdings die Ärzte und Fachleute ersetzen, doch kann es ergänzen und bei kleineren Erkrankungen und Schwächen naturnahe Heilmittel nennen. Was es aber noch deutlicher kann, liegt im Bereich der Bewusstwerdung für eine Lebensart, die in Teilen sicher eine unerreichbare Alternative, aber doch auch wie eine Oase sein kann, zu der man auf einer langen Wanderung durch die Wüste immer wieder zurückkehrt, um sich zu erholen, um nachzudenken, um gesund zu werden an Körper und Seele.

Gesunde Ernährung

Wir denken oft nicht über das tägliche Essen nach. Nur diejenigen, die sich einmal einem Diätplan unterworfen haben, kennen das Achten auf Kalorien, Vitamine und Kohlenhydrate. Meistens lassen uns allenfalls die Planungen, wenn Gäste sich angesagt haben, über die Speisenfolge und eventuelle Qualitäten von Lebensmitteln nachdenken. In den Klöstern war das lange Zeit nicht wesentlich anders und doch ganz anders – auch hier brauchte man sich kaum Gedanken über das Essen zu machen. Der große Unterschied allerdings war, dass es eine Tradition gab, in die man sich – auch was die Bestellung des Tisches anging – einhaken konnte. Die Frage, welches Gemüse zu welcher Jahreszeit auf den Tisch kam, war weitgehend selbstverständlich und „natürlich" gelöst, weil es nur wenige Methoden zur Haltbarmachung von Lebensmitteln gab und deshalb das auf den Tisch kam, was gerade reif war beziehungsweise geerntet werden konnte.

Im Durchschnitt nehmen die Menschen heute in unseren Breiten über 50 % mehr an Kalorien zu sich, als der Körper wirklich braucht. Die Folgen dieser Überernährung sind deutlich sichtbar: Übergewicht, Diabetes, zu viel Cholesterin im Blut, das Herzerkrankungen und -infarkte begünstigt, und vieles mehr. Zu viel Fleisch heißt immer auch zu viel Fett, zu viel Cholesterin und zu viel Eiweiß. Das wiederum belastet die Nieren, verursacht Gicht, und ein übertriebener Zuckerkonsum fördert Übergewicht und Karies.

Mangelerscheinungen, die allerdings in unserer Gesellschaft seltener geworden sind, verursachen ebenfalls Krankheiten. Wer keinen Fisch isst und kein jodiertes Salz benutzt, nimmt längerfristig eine durch den Jodmangel bedingte Schädigung der Schilddrüse in Kauf; wer auf Milch, Jogurt oder Quark etc. völlig verzichtet, wird über kurz oder lang zu wenig Kalzium zu sich nehmen und die Stabilität seiner Knochen gefährden. Wer kein oder nur wenig frisches Obst isst, muss damit rechnen, dass er seinem Körper nicht ausreichend Vitamine zuführt. Deshalb ist eine ausgewogene Ernährung der erste Baustein für die Gesundheit und der beste Schutz vor Krankheiten!

Was lehrt uns die Klosterküche?

Stellen Sie sich einen Klostergarten als geschützten Raum vor, der in erster Linie für den eigenen Bedarf eingerichtet ist. Fast alle Zutaten, die in der Klosterküche verwendet werden, stammen aus der eigenen, selbstverständlich naturnahen Herstellung. Selbst das wenige Fleisch, das im Refektorium auf die Tische kommt, stammt aus der klostereigenen Landwirtschaft. Was zunächst nach sparsamer Haushaltung aussieht – dass zum Beispiel die Schweine selbstverständlich mit den Abfällen aus der Küche gefüttert werden –, stellt sich bei näherem Hinsehen als ein natürlicher und biologisch wertvoller Kreislauf heraus. Sicher ist in diesem geschlossenen System nicht immer alles besser. Man kann aber auf jeden Fall ein paar Grundregeln für eine ausgewogene und gesunde Ernährung daraus ableiten:

Nicht zu viel Fett

Bei einer ausgewogenen Ernährung müssen Kalorienaufnahme und -verbrauch in einem guten Verhältnis zueinander stehen. Es hilft nicht, eine „Abmagerungskur", welcher Art auch immer, durchzuführen, sich aber hinterher genauso falsch zu ernähren wie vorher. Täglich sollten Sie nicht mehr als 20 g Fett essen, wobei daran zu denken ist, dass neben dem Brotaufstrich (Butter oder Margarine, die sich in der Qualität für den Körper übrigens nicht wesentlich unterscheiden) auch noch Fett zum Braten, Backen und Kochen verwendet wird! Fette sind außerdem in Schokolade, in Fertiggerichten, in Wurst und Käse ...

Viel frisches Essen und Trinken

Es wirkt sich vorteilhaft aus, wenn Sie eine abwechslungsreiche Mischkost bevorzugen und den Organismus behutsam von einer Normalauf eine Vollwertkost umstellen, bei der Sie dann zusätzlich viele Ballaststoffe aufnehmen.

Das bedeutet etwa:

- 60 % Kohlenhydrate (Getreide, Hülsenfrüchte, Kartoffeln, Nudeln, Brot, Obst, Honig, Traubenzucker, Milchzucker etc.),
- 10 % Eiweiß (nicht mehr als ein Drittel davon tierisches Eiweiß wie zum Beispiel Milch, Eier, Fisch, Fleisch; Bohnen, Erbsen, Linsen, mageres Fleisch, Eier, Käse etc.)
- und insgesamt nicht mehr als 30 % Fett (kaltgepresste pflanzliche Öle bevorzugen).

Schwangere und Kinder verbrauchen mehr Eiweiß. In diesem Fall sieht die Zusammenstellung etwas anders aus: mehr Hülsenfrüchte und Milchprodukte.

Möglichst wenig Zusatzstoffe in Lebensmitteln zu sich nehmen !

In sehr vielen Lebensmitteln sind heutzutage belastende Zusatzstoffe (Farbstoffe E 100-180, Konservierungsmittel E 200-290) und sogar Schadstoffe enthalten (Kadmium, Blei, Quecksilber etc.). Es gibt ein paar Tipps, wie Sie den größten Belastungen entgehen können. Um Konservierungs- und Farbstoffe zu vermeiden, achten Sie auf die Auflistung der Inhaltsstoffe auf der Packung. Kaufen Sie möglichst frisches, dem Angebot der Jahreszeit entsprechendes Obst und Gemüse und frischen Salat. Alles sollten Sie vor dem Verzehr gründlich reinigen oder schälen:

- Obst: warm bis heiß abwaschen und trockenreiben.
- Salat: äußere Blätter und innenliegende Rippen nicht verwenden.
- Gemüse: blanchieren oder kochen.
- Getreide: möglichst aus kontrolliert ökologischem Anbau.
- Fisch: Magerer Fisch ist weniger belastet.
- Fleisch: möglichst aus naturnaher Aufzucht.

Möglichst wenig Zucker

Der Verzicht auf Süßigkeiten ist zwar oft hart, aber ebenso der einzige Weg, die Zuckerzufuhr Ihres Körpers spürbar zu reduzieren. Verzichten Sie deshalb zu Gunsten von Obst, Honig, Gemüse und Getreide auf größere Mengen von

Süßigkeiten. Vorsicht beim Einkauf: Auch in anderen Inhaltsstoffen „versteckter" Zucker ist Zucker!

Sparsam mit Kochsalz umgehen

Oft sind wir an stark gewürzte Nahrung gewöhnt. Ernährungswissenschaftler weisen immer wieder darauf hin, dass man nicht mehr als 5 g Kochsalz pro Tag zu sich nehmen sollte, weil Herz, Kreislauf und Nieren durch den Überschuss belastet werden. Bei einschlägigen Erkrankungen muss der Kochsalzverbrauch pro Tag sogar auf 2 bis 3 g reduziert werden.

(Unter der Rubrik „Beifuß" im Kapitel „Heilkräuter der Klostergärten" finden Sie einen Vorschlag, wie Sie alternativ würzen können, wenn der Salzkonsum vermindert werden soll!)

Ernährung im Kloster

> *„Im Refektorium angelangt, schweifte mein Blick über lange, schlichte Tischreihen, die sich in dem schattigen Raum um eine unsichtbare Mitte herum anordneten. Schweigend nahmen wir unsere Mahlzeit ein: eine köstliche Suppe und frisches Gemüse, mit zahlreichen Kräutern gewürzt, saftiges Obst aus dem eigenen Garten zum Nachtisch. Hier erlebte ich eine Nähe zur Natur, wie ich sie nur selten vorher gespürt hatte."*

Mönche und Nonnen gelten seit langem schon als vorzügliche Gärtner. Dabei werden die verschiedenen angepflanzten Bäume, Sträucher und Kräuter durchaus nicht nur wegen ihrer Heilkraft, ihres medizinischen Nutzens oder ihrer Verwendung in der Klosterküche angebaut, sondern auch zur Freude der Seele. Ganz selbstverständlich haben die großen Klöster zusätzlich eigene Ländereien für den Getreideanbau und große Stallungen für die Aufzucht von Schlachtvieh, kurzum: Es gibt in der Regel eine komplette eigene Landwirtschaft. Dazu gehört im Gartenbereich neben dem eigentlichen Nutzgarten, in dem Pflanzen zum eigenen Verzehr angebaut werden, immer auch der Teil des Gartens oder sogar ein eigener kleiner Garten in der Nähe der Krankenstation, der den Heilpflanzen vorbehalten ist. (Die Abb. rechts aus dem „Stundenbuch Ludwigs von Orleans" zeigt, wie ein solcher Garten angelegt wurde.) Eine strikte Trennung in Heilpflanzen und Küchenkräuter kann man dabei nicht einhalten, denn nicht selten gibt es zwischen den beiden Bereichen deutliche Überschneidungen. Zwiebeln werden zum Würzen von Fleisch und Gemüse ebenso verwendet wie zum Heilen von Halsschmerzen; Kümmel wird nicht nur aus geschmacklichen Gründen den winterlichen Kohlgemüsen beigegeben, sondern auch um Blähungen zu vermeiden und Verdauungsschwierigkeiten vorzubeugen.

Die Speisen, die sich lange Zeit nur die Privilegierten erlauben konnten, die würzig schmeckten, die als wertvoll galten, waren im gleichen Maß auch ungesund. Das, was dem Gaumen aber mild und verhältnismäßig langweilig vorkam, war um vieles gesünder, auch wenn es billiger und wenig beliebt war. Die einfache Bevölkerung und die dem Ideal der Armut verpflichteten Nonnen und Mönche lebten gewöhnlich länger als die Adligen, die sich ein gutes, ungesundes Leben mit fetten Saucen, diversen Alkoholika und fantastischen Süßspeisen „erlauben" konnten.

Vieles von dem, was wir heute als besonders stimmungsvoll empfinden und in Feinschmeckerlokalen bewundern, dass nämlich eine Speise „an winterlichen Gemüsen" serviert wird oder „direkt aus Großmutters Garten" stammt, ist in den Klöstern ohne großen Aufwand gang und gäbe. In der Regel kommen im Speisesaal des Klosters, dem Refektorium, vorzugsweise pflanzliche Speisen auf den schlichten, blanken Tisch. Als Grundnahrungsmittel gibt es Brot, Gemüse und Obst. Als Getränke werden von jeher neben Wasser und Säften Wein und auch Bier angeboten. Fisch oder Milch- und Eierspeisen sowie Fleisch gibt es äußerst selten.

Es verwundert nicht, dass gerade die Ernährung im Kloster schon immer eng mit der Naturheilkunde verknüpft war. Im Mittelalter galten Mönche vielfach als die Gebildeten, die sich nicht nur um die theologische Wissenschaft bemühten, sondern auch die Natur erforschten. Sie konnten die Schriften des Altertums lesen und auf diese Weise botanisches und medizinisches Heilwissen ergründen. Nicht wenige Benediktinermönche verfassten wichti-

Ant. Exultabunt domino:
Miserere mei deus: Secundum:

ge naturkundliche und medizinische Schriften und überlieferten so der Nachwelt wertvolle Rezepturen. Mit in dieses Spektrum hinein gehören auch die Schriften der Hildegard von Bingen, die als eine der Universalwissenden ihrer Zeit galt und umfassende Werke über Heilpflanzen und Ernährungsfragen geschrieben hat.

Aber auch die handfesten Kenntnisse der weniger gebildeten Mönche und Nonnen, die sich mit der Landwirtschaft, mit dem Gartenbau und der Anwendung der Heilpflanzen und -kräuter auskannten, sind für unsere heutigen Erkenntnisse nicht wegzudenken. In den Klöstern waren die Dienste und Ämter, die sich mit den verschiedenen Gärten, mit der Zubereitung der Speisen in der Küche oder der Betreuung und Heilung der Kranken beschäftigten, streng voneinander getrennt. Ein Bader, ein Apotheker oder ein Krankenwärter tat diejenigen Dienste, zu denen in der strengen Hierarchie der Klöster die Chormönche (in der Regel Priester) keine Zeit hatten. Für diese Aufgabe waren die dienenden Stände da, die sich in ihren Fachgebieten gut auskannten.

Die Fragen um Anlegung und Architektur von Gärten, Pflanzenaufzucht und Verwendung im Heilungsprozess ließen und lassen sich vom Glauben der Ordensleute nicht streng trennen. Die symbolische Welt wurde, gerade im Mittelalter, vermengt mit Theologie und Medizin. So manche symbolische Bedeutung einer Pflanze, die sich nicht selten schon in ihrem Namen ausdrückt, hat weniger mit ihrer tatsächlichen Heilkraft zu tun als vielmehr mit den theologischen oder weltanschaulichen Ideen, die sich dahinter verbargen. Das, was für uns heute völlig voneinander getrennte Wissenschaften und Künste sind, war für die mittelalterlichen Menschen noch ein großes Ganzes. Eine gegenseitige Durchdringung von Natur und Religion schlägt sich beispielsweise in den Riten der Kräuterweihe (Kräutersegnung an Mariä Aufnahme in den Himmel etc.), der Segnung des Feuers (am Fest Johannes' des Täufers oder an Peter und Paul) und der Segnung von Speisen und Getränken (Johanniswein etc.) nieder. Die Menschen wollten sich mit den Vollzügen ihres Glaubens bewusst machen, dass die Natur ein Geschenk Gottes ist, und auf diese Weise den gesegneten „Materialien" eine neue Qualität verleihen. Wenn wir heute von ganzheitlicher Methode und ganzheitlicher Therapie sprechen, versuchen wir dieser Tatsache nachzugehen und uns einem verloren gegangenen Wissen wieder zu nähern. Ernährung und Heilung sind nicht nur leibliche, sondern ebenso seelische, ganzkörperliche, ganzmenschliche Vollzüge.

Sicher ist aus heutiger Sicht nicht alles an Praktiken und Ernährungsratschlägen der damaligen Zeit zu übernehmen, doch können einige Grundhaltungen und Einstellungen von damals unserer Zeit und unserem Alltag neue Impulse geben und ein neues Bewusstsein für die Werte der Natur vermitteln.

Essen und Trinken im Rhythmus der Jahreszeiten

„Langsam stieg ich den gewundenen Pfad zum Kloster hinauf, durch wogende Kornfelder, vorbei an Weinbergen. Saftige Trauben leuchteten mir entgegen, und ein Duft von Korn erfüllte die Luft. Vor meinem Auge weitete sich das Tal, und ein herbstliches Gefühl durchströmte mich."

Es kommt nicht von ungefähr, dass viele Ordensleute verglichen mit ihren außerhalb des Klosters lebenden Mitmenschen verhältnismäßig alt werden. Das ist sicher nicht darauf zurückzuführen, dass die Askese eine übergeordnete Rolle spielt. Vielmehr scheint eine ausgesprochen gesunde Lebensweise damit zusammenzuhängen. Die großen Ordensregeln beschreiben sehr präzise, dass Fasten und Askese zum klösterlichen Leben gehören, aber in Maßen und zu festgelegten Zeiten.

Hinzu kommt, dass die historischen Beschreibungen von Pflanzordnungen unterschiedlicher Klöster eine für unsere Zeit erstaunlich fortschrittliche biologische Schädlingsbekämpfung dokumentieren. Trotzdem gab es eine verhältnismäßig große Vielfalt an Pflanzen und Bäumen. Dass eine große Abtei neben den landwirtschaftlichen Anlagen auch Fischteiche besaß, war ebenso wie die Geflügelzucht eine Selbstverständlichkeit. Gerade für das freitägliche Fasten waren leichte Fisch- oder Eierspeisen sehr beliebt.

Eines der auffallendsten Merkmale der klösterlichen Ernährung ist sicherlich die Orientierung an den Jahreszeiten. Was uns heute durch die Mobilität

DISCE UT SEMPER VICTURUS.
VIVE UT CRAS MORITURUS

der Gesellschaft abhanden gekommen ist, wurde bis in unser Jahrhundert hinein von den Klöstern ganz unmittelbar gelebt: Frischer Salat und frisches Obst wurden im Sommer und Frühherbst gegessen – winterliche Gemüsesorten und Eingelegtes aß man im Winter. Der Jahreszeit gemäße Speisen kamen auf den Tisch. Das hatte einen doppelten Aspekt. Zum einen waren die Konservierungsmöglichkeiten nicht so weit entwickelt, dass man Lebensmittel, gerade Gemüse, über einen längeren Zeitraum hätte frisch halten können, zum anderen hätte es Kosten verursacht, wenn Gemüse zu den eigenen Produkten hätte hinzugekauft werden müssen. So war es sparsam und einfach, das zu essen, was sich in der Natur gerade dazu eignete. Trotzdem sind uns nicht wenige Rezepte zur Haltbarmachung und Bevorratung für den Winter sowohl für reine Nahrungsmittel als auch für die Heilpflanzen und -kräuter überliefert, sodass auch in den Zeiten, in denen der Garten weniger Abwechslung verhieß, eine gewisse Vielfalt erhalten blieb.

Zudem ist zu bedenken, dass die Beschaffenheit der Speisen in der Regel den Bedürfnissen der Menschen entsprach und sie dann verzehrt wurden, wenn sie gerade auf dem Markt waren: Im Sommer braucht der Mensch mehr Vitamine und frische Speisen, weil er körperlich aktiver ist, weil die Tage länger sind, weil das Arbeiten in der Sonne anstrengender ist. Umgekehrtes gilt für die Wintermonate.

Was heute für viel Geld erlernt und unter großen Entbehrungen antrainiert wird, nämlich eine an den Jahreszeiten orientierte Ernährung und ein bewussterer Umgang mit der Natur, ist seit langer Zeit für das Klosterleben die Normalität: viel Gemüse, wenig Fleisch, Fastentage und Fastenzeiten, Hygiene und Sauberkeit in der Küche, das Wissen um natürliche und pflanzliche Heilungsmethoden. Auch ein liebevoller Umgang mit den Gaben der Natur (die Lithographie links zeigt, wie gewissenhaft der Klostergarten gepflegt und bearbeitet wurde) und eine dementsprechend fast meditative Kunst von der Aufzucht bis hin zur Veredelung, Verarbeitung und Zubereitung hilft, Ernährung und Gesundung mit allen Sinnen wahrzunehmen und bewusster zu vollziehen.

Beim Umgang mit der Natur stand allerdings nicht immer nur ein theologisches Motiv dahinter. Es kommt nicht von ungefähr, dass so manche Likör-, Wein- und Bierrezepturen aus den Klöstern stammen. Mönchsvater Benedikt von Nursia schreibt in seiner Regel und mahnt an, dass die Mönche nicht mehr als ein Viertel Wein trinken sollten - immerhin gibt es auch diese Art von Genüssen.

Aus den Klosterküchen sind uns zahlreiche Rezepte und Rezepturen überliefert, die über Jahrhunderte gekocht wurden. Die Mengenangaben sind dabei in der Regel an einer größeren klösterlichen Gemeinschaft, einem Konvent, ausgerichtet. Viele der Rezepte lassen sich jedoch auf einen durchschnittlichen Vierpersonenhaushalt übertragen.

Fragt man sich, was das Besondere an der Klosterküche gewesen ist, kann man als eines der hervorragenden Merkmale die Verwendung von frischen Zutaten erwähnen. Allenfalls für den Winter und das Frühjahr war man auf Eingekochtes oder anders Konserviertes angewiesen beziehungsweise verwendete man entsprechende Gemüsesorten, die im Winter zu ernten sind.

Der Rhythmus des Jahres spielt nicht nur eine Rolle was den Tageslauf, das Aufstehen und Zubettgehen (man orientiert sich am Sonnenaufgang beziehungsweise -untergang), die Gebetszeiten und Zeiten der Erholung (Rekreation) angeht, sondern beeinflusst auch die Auswahl der Speisen. Nebenbei bemerkt, ist der kleine Verdauungsspaziergang, den Mönche und Nonnen nach den Mahlzeiten gerne im Kreuzgang oder im Klostergarten machen, eine gute Möglichkeit, das Völlegefühl, das leicht nach dem Essen entsteht, loszuwerden; außerdem regt ein bisschen Bewegung die Verdauung an. Eine kleine Pause, in der man „die Seele baumeln lässt“, kann für Körper und Geist zu einer sehr hilfreichen Gewohnheit werden.

Das Kirchenjahr, das anders als das säkulare Jahr am ersten Advent beginnt, kennt eine wichtige und längere Periode, in der nach der Tradition der Kirche ein mehr oder weniger strenges Fasten gehalten wird – nämlich vor Ostern in der österlichen Bußzeit. Dieser geprägten Zeit muss sich natürlich auch der klösterliche Speiseplan unterordnen.

Auf dem Hintergrund heutiger ernährungswissenschaftlicher Erkenntnisse sind solche Entschlackungsphasen für den Körper gerade nach dem Winter sehr hilfreich und haben durchaus nicht nur etwas mit Askese zu tun.

Auch in unserer Gesellschaft, die man nicht als ausdrücklich christlich oder gar klösterlich geprägt bezeichnen kann, kommen solche Aspekte der Ernährung zunehmend wieder ins Bewusstsein. Eine Frühjahrs-Entschlackungskur oder ein Heilfasten sind schon fast wieder selbstverständlich geworden, ohne dass dabei jemand einen Bezug zur österlichen Bußzeit, der „Fastenzeit“, herstellen muss. Das Fasten ist außerdem keine „christliche Erfindung“, sondern bereits in den alten Kulturvölkern bekannt gewesen. Als Ausdruck von Trauer, von Buße und zur Vorbereitung großer Feste spielt das Fasten, der bewusste Verzicht auf Speise und Trank, eine große Rolle.

Die christliche Tradition kennt verschiedene Arten des Fastens, die jedoch immer einen religiösen und keinen rein körperbezogenen Hintergrund haben. Es gibt einzelne Tage, an denen ein Vollfasten praktiziert wird, also ein Verzicht auf jegliche Speise und jede Art von Getränk außer Wasser, aber auch abgestufte Formen, wie beispielsweise die Abstinenz von Fleisch und Wein oder auch das so genannte „Laktizieren“ (lat. „lac, lactis“ = Milch), der Verzicht auf Butter, Milch, Käse und Eier. Immer jedoch steht neben dem Verzicht auch das Freiwerden für etwas. Was das Christentum mit Buße, Besinnung und Umkehr bezeichnet, kann man profan auch als Bewusstwerdung der eigenen Persönlichkeit, Reinigung von schlechten Gewohnheiten und neue Wertschätzung der täglichen Genüsse bezeichnen.

Von einer spanischen Nonne, der heiligen Theresia von Ávila (1515 bis 1582), ist uns ein Satz überliefert, der ausdrückt, was gemeint ist, wenn hier vom Essen im Rhythmus der Zeit die Rede war: „Wenn Fasten, dann Fasten, wenn Rebhuhn, dann Rebhuhn.“

Rezepte für Frühjahr und Sommer

Frühlingssuppe mit Markklößchen

für 4 Personen; Zubereitungszeit: ca. 60 Minuten

Zutaten

- Suppenfleisch mit Markknochen
- 1 l Wasser
- ca. 10 Rosenkohlröschen
- 3 Karotten
- 1 Stange Porree
- 1/4 Sellerieknolle
- 2 Zwiebeln
- ca. 100 g Erbsen
- ca. 100 g Bohnen
- 2 Knoblauchzehen
- Semmelbrösel
- 1 Eigelb
- 1 Stich Butter
- Salz
- Pfeffer
- Muskatnuss
- 2 TL frische, gehackte Kräuter
- frischer Schnittlauch

Zubereitung

- Markknochen in einen kleinen Kochtopf auslösen; Knochen und Fleisch in ca. 1 l Wasser zum Kochen bringen und ca. 15 Minuten köcheln lassen.

- Inzwischen das Gemüse (Rosenkohl, Karotten, Porree, Sellerie, Zwiebeln, Erbsen und Bohnen) putzen, schälen und – so weit nötig – in mundgerechte Happen zerkleinern.
- Alles in die Fleischbrühe geben, 2 Knoblauchzehen in feine Scheiben schneiden, hinzufügen und weitere 30 Minuten kochen.
- Währenddessen das Mark auslassen und die Krumen herausnehmen; eventuell die Menge mit etwas Butter auffüllen. Die Semmelbrösel in eine Rührschüssel geben, das Fett (Mark) darüber gießen und etwas erkalten lassen, mit Salz, Pfeffer und Muskatnuss (evtl. auch mit sehr fein geschnittenen Zwiebeln oder Kräutern) würzen und alles verrühren. Wenn die Masse kalt ist, 1 Eigelb zugeben und einen Teig daraus bereiten, den man zu kleinen Klößchen zusammendrücken kann; er darf nicht auseinander fallen, sonst muss noch etwas Butter hinzugefügt werden. Die Markbällchen auf einen Teller legen, damit deren Oberfläche etwas antrocknet.
- Wasser in einem Topf zum Kochen bringen und die Markklößchen mit einem Löffel hineingeben; ca. 8 Minuten sprudelnd kochen, bis die Bällchen an die Oberfläche kommen.
- Nachdem die Suppe ca. 30 Minuten gekocht hat, das Suppenfleisch herausnehmen; nach Belieben und nach Qualität des Fleisches kann man es klein schneiden und wieder in die Suppe geben oder später einen Rindfleischsalat daraus bereiten.
- Die Suppe mit 2 Teelöffeln gehackten, frischen Kräutern, Salz und Pfeffer abschmecken und zuletzt den Schnittlauch klein schneiden und hineinstreuen.
- Die fertigen Markklößchen dazugeben.

Als Beilage passt ein kräftiges Graubrot mit Butter.

Mangoldröllchen mit vegetarischer Füllung

für 4 Personen; Zubereitungszeit: ca. 25 Minuten
(ohne 20 Minuten Garzeit)

Zutaten

- 2 Mangoldstauden
- 2 Zwiebeln
- 200 g geriebener Käse
- 6 EL Kräuterquark
- 6 EL Kräuterfrischkäse (z.B. Bressot)
- 2 Eier
- 2 Knoblauchzehen
- Salz
- Pfeffer
- Paniermehl

Zubereitung

- Mangoldblätter bis zum Blattansatz vom Strunk trennen, säubern und kurz blanchieren; anschließend sofort mit kaltem Wasser übergießen, um ein Nachgaren zu verhindern.
- Die Zwiebeln fein hacken, ca. 160 g geriebenen Käse, je 6 EL Kräuter und Kräuterfrischkäse hinzugeben, 2 Eier hinzufügen und zu einer Masse verrühren.
- Die Knoblauchzehen hineinpressen und mit Salz und Pfeffer abschmecken.
- So viel Paniermehl unter die Masse bis ein halbwegs fester Teig entsteht. Die Masse zu 12 Bällchen formen.
- Die Mangoldblätter ausbreiten (die größeren Blätter jeweils nach außen, die kleineren nach innen), mit je 1 Bällchen der Masse füllen und vom Stiel her einwickeln.
- Die Röllchen in eine Auflaufform geben und mit dem restlichen geriebenen Käse (ca. 40 g) bestreuen.
- Bei 200 °C ca. 20 Minuten garen und überbacken.

Die Röllchen schmecken übrigens auch köstlich, wenn man sie nach der Zubereitung erkalten lässt, mit Olivenöl übergießt, mit Kräutern (Basilikum etc.) bestreut, darin einen Tag mariniert und als kalte Variation serviert.

Salbeiküchlein

für 4 Personen; Zubereitungszeit: ca. 30 Minuten

Zutaten

- 20 g Schmalz
- 6 EL Mehl
- Salz
- Wasser
- 6 Eiweiß
- 4 Eier
- ca. 20 getrocknete Salbeiblätter
- Fett (Schmalz) zum Backen

Zubereitung

- 20 g Schmalz erhitzen und das Mehl einsieben, um eine helle Mehlschwitze herzustellen.
- In einer Schüssel zusammen mit etwas Salz und Wasser zu einem Teig verarbeiten.
- Nach und nach Eiweiß und Eier unterschlagen.
- Die Salbeiblätter in den Teig tauchen und in sehr heißem Fett zu kleinen Küchlein ausbacken.

Karottensuppe mit Sellerie

Für 4 Personen (als Vorsuppe); Zubereitungszeit: ca. 50 Minuten

Zutaten

- 1 Bund Karotten
- 1/2 Sellerieknolle
- 3/4 l Wasser
- 1 Tasse trockener Weißwein
- 2 TL frische, gehackte Kräuter
- 125 g Sahne
- 125 g Rahm, Schmand oder Crème fraîche
- 2 Knoblauchzehen
- Salz
- Pfeffer
- Muskatnuss
- etwas Kresse

Zubereitung

- Die Karotten dünn schälen oder schaben, ebenso die halbe Sellerieknolle; dann beides fein raspeln.
- Mit 3/4 l Wasser, 1 Tasse trockenem Weißwein und 2 TL gehackten, frischen Kräutern zum Kochen bringen und ca. 30 Minuten köcheln lassen.
- 125 g Sahne und 125 g Rahm, Schmand oder Crème fraîche einrühren und die 2 Knoblauchzehen hineinpressen.
- Mit Salz, Pfeffer und Muskatnuss abschmecken.
- Mit reichlich frischer Kresse garnieren.

Diese Suppe eignet sich ausgezeichnet als Vorspeise für Gerichte, bei denen viel Gemüse gereicht wird, oder auch als kleines Hauptgericht, wenn man ein herzhaftes Knoblauchbrot dazu reicht.

Dinkelbrot

für 2 große Brote

Zutaten

- 1 kg Dinkel
- 3/4 l Wasser
- 1 kg Dinkelmehl
- 80 g Hefe
- 3 EL Salz

Zubereitung

- Die Dinkelkörner waschen und über Nacht an einem warmen Ort in 3/4 l Wasser einweichen.
- Die gequollenen Körner abseihen und durch den Fleischwolf (große Scheibe) drehen.
- Dinkelmehl in eine große Schüssel geben, die Hefe in einer Vertiefung in der Mitte ansetzen und den Teig ca. 10 Minuten ruhen lassen.
- Die durchgedrehten Dinkelkörner und das Salz unter den Teig mengen und anschließend ca. 90 Minuten gehen lassen.
- Den Teig nochmals gut durchkneten und wiederum ca. 60 Minuten ruhen lassen.
- Brote formen, in Kastenformen legen und nochmals ruhen lassen.
- Die Brote einritzen, mit Wasser bestreichen und im vorgeheizten Backofen bei 200 °C backen.
- Nach ca. 20 Minuten die Hitze zunächst auf 175 °C, nach weiteren 20 Minuten auf 160 °C reduzieren und noch einmal ca. 50 Minuten backen. Im ausgeschalteten Ofen müssen die Brote noch eine Zeit stehen bleiben und beim Herausnehmen ein letztes Mal mit Wasser abgestrichen werden.

Radieschensalat

für 4 Personen als Vorspeise; Zubereitungszeit: ca. 15 Minuten

Zutaten

- 1 großes Bund frische Radieschen
- 250 g Quark mit frischen Kräutern
- 3 EL Sahne
- 1 Zwiebel
- Salz
- Pfeffer
- 4 große Salatblätter (vom Kopfsalat)

Zubereitung

- Radieschen waschen, von den Strünken schneiden und die Würzelchen entfernen; anschließend mit dem Gemüsehobel in feine Scheiben schneiden.
- Quark mit frischen Kräutern und mit 3 El. Sahne verrühren; 1 Zwiebel in feine Würfel haken und unter den Quark rühren; mit Salz und Pfeffer abschmecken.
- Die Radieschen unterheben und die Masse auf vier großen Salatblättern verteilen.

Dieser Salat eignet sich als Vorspeise besonders vor schweren Gerichten, aber auch zur Sommerzeit, wenn die Radieschen knackig sind ...

Fischrouladen

für 4 Personen

Zutaten

- 4 Fischfilets (Seezunge, Rotbarsch oder Seelachs)
- (Kräuter-) Salz
- Pfeffer
- frischer Thymian
- 2 große Knoblauchzehen
- 1 Glas (200 g) süßsauer eingelegte Kürbisstücke
- 1 Tasse trockener Weißwein
- einige Blätter Basilikum

Zubereitung

- Fischfilets von beiden Seiten salzen und pfeffern.
- Die Innenseiten mit gehacktem Thymian bestreuen, mit fein geschnittenen Scheiben der Knoblauchzehen belegen und mit einigen Kürbisstücken einrollen; mit einem Rouladenstecker zusammenhalten.
- Die vier Rouladen in eine Auflaufform setzen, die restlichen Kürbisstücke mit etwas Kürbisbrühe und 1 Tasse trockenem Weißwein auffüllen.
- Die Basilikumblätter darüber streuen.
- Im Backofen bei 220 °C ca. 25 Minuten garen.

Als Beilage eignet sich ein leichter Gemüsereis, den man im Handumdrehen aus angeschmorten Zwiebeln mit frischem Gemüse und Reis zubereitet hat und in einer Form zusammen mit der Roulade sehr schön auf dem Teller anrichten kann.

Rezepte für Herbst und Winter

Rotweinbraten

für 4 Personen; Zubereitungszeit: ca. 150 Minuten an dem Tag, an dem er verzehrt werden soll, wobei in der Garzeit (130 Minuten) vieles andere vorbereitet und gekocht werden kann.

Zutaten

- 1,5 kg Rinderbraten
- getrocknete, gehackte Kräuter
- 6 Knoblauchzehen
- 4 Zwiebeln
- 3/4 l trockener Rotwein
- 1 TL Salz
- 1 TL Pfeffer
- 8 Nelken
- 5 Lorbeerblätter

Sauce

- 100 g fetter Speck
- Speisestärke
- 6 EL Rahm, Schmand oder Crème fraîche
- Weinbrand

Zubereitung

- Das Fleisch mit den getrockneten, gehackten Kräutern einreiben.
- In einen Topf mit Deckel geben und mit Rotwein auffüllen, bis der Braten bedeckt ist.
- Knoblauchzehen, halbierte Zwiebel und die restlichen Gewürze dazugeben.
- Den Topf mindestens zwei bis drei Tage in den Kühlschrank stellen; das Fleisch ab und zu wenden.
- Dann das Fleisch kurz abtropfen lassen und in einen Bräter geben, mit

Speckscheiben belegen, einige der Zwiebeln, Lorbeerblätter und Nelken dazugeben und mit ca. 1/4 der Marinade übergießen.

- Mit geschlossenem Deckel ca. 130 Minuten lang bei 250 °C im Backofen garen, von Zeit zu Zeit mit etwas Bratenfond und Marinade übergießen.
- Dann den Braten herausnehmen, auf eine Platte setzen und im Ofen warm halten.
- Restlichen Bratenfond und Marinade zur gewünschten Saucenmenge einen Topf geben und erhitzen.
- Mit der angerührten Speisestärke andicken, Rahm, Schmand oder Crème fraîche hinzugeben und mit Weinbrand abschmecken.

Nusslikör

Zutaten

- 500 g zerhackte Walnüsse
- 1 Zimtstange
- 1 knapper TL Nelken
- 1 l Branntwein
- 400 g Zucker
- 1/2 l Wasser

Zubereitung

- Nüsse waschen, abtrocknen und in dünne Scheibchen schneiden.
- Die Scheiben zusammen mit der Zimtstange, den Nelken und 1 l Branntwein in eine Flasche füllen und mindestens zwei Wochen in die Sonne stellen.
- 400 g Zucker in 1/2 l Wasser kochen und kalt werden lassen; dann zum Branntwein gießen.
- Zuletzt die Rückstände aus dem Likör abfiltern.

Wirsingeintopf

für 4 Personen; Zubereitungszeit: ca. 45 Minuten (inkl. Garzeit)

Zutaten

- 1 Wirsing
- 12 dicke Kartoffeln
- 2 dicke Zwiebeln
- 2 Knoblauchzehen
- 2 EL gemischte Kräuter
- 2 Tassen Wasser
- Salz
- Pfeffer

Zubereitung

- Wirsing in Streifen schneiden und waschen.
- Kartoffeln schälen und in Würfel schneiden.
- Zwiebeln und Knoblauchzehen ebenfalls würfeln und zusammen mit dem Wirsing und den Kartoffeln in einen Topf geben.
- Die gemischten Kräuter über das Gemüse geben und mit 2 Tassen Wasser übergießen, anschließend 25-30 Minuten bei schwacher Hitze kochen lassen; gelegentlich umrühren.
- Mit Salz und Pfeffer abschmecken.

Als Variante, die nicht für Vegetarier geeignet ist, kann man auch Gehacktes in den Eintopf geben und einfach mitkochen.

Linsengemüse

für 4 Personen; Zubereitungszeit: ca. 40 Minuten

Zutaten:

- 250 g Linsen
- 800 g Schweinefleisch
- 1 kleine Knolle Sellerie
- 1 Petersilienwurzel
- 1 Stange Porree
- 1 l Fleisch- oder Gemüsebrühe
- Speisestärke
- 4 geräucherte Bratwürstchen
- Salz
- Pfeffer

Zubereitung

- 250 g Linsen waschen, über Nacht in kaltem Wasser einweichen und anschließend zusammen mit dem Schweinefleisch kochen.
- Sellerieknolle, Petersilienwurzel und Porree fein schneiden und in der Brühe kochen, zuletzt mit Speisestärke andicken und Linsen mit Schweinefleisch dazugeben
- Den Eintopf etwas reduzieren, aber nicht anbrennen lassen.
- Zuletzt die Bratwürstchen zugeben und im Gemüse garen. Das Ganze mit Salz und Pfeffer abschmecken.

Zwiebelkuchen

für 4 Personen; Zubereitungszeit: ca. 75 Minuten (inkl. Backzeit)

Zutaten

- 300 g Mehl
- 20 g Hefe
- 1/8 l lauwarme Milch
- 80 g Butter
- Salz
- 1,5 kg Zwiebeln
- 100 g durchwachsener geräucherter Speck
- 1/4 l saure Sahne
- 4 Eier
- Kümmel

Zubereitung

- Mehl in eine Schüssel sieben, in die Mitte eine Vertiefung drücken, die Hefe hineinbröseln und mit 1/8 l lauwarmer Milch und etwas Mehl verrühren. 15 Minuten gehen lassen.
- Die Butter auslassen, mit 1 Prise Salz in den Vorteig geben und zusammen mit dem Mehl zu einem Teig verarbeiten. Nochmals 15 Minuten gehen lassen.
- Zwiebeln in Ringe schneiden oder hobeln; Speck ausbraten und im ausgelassenen Fett die Zwiebelringe glasig werden lassen.
- Den Teig auf einer bemehlten Fläche ausrollen und ein gefettetes Backblech damit belegen.
- Saure Sahne mit den Eiern, Salz und reichlich Kümmel verquirlen und Zwiebeln und Speck darunter mischen; die Masse auf dem Teig verteilen und nochmals 15 Minuten gehen lassen.
- Bei ca. 200 °C etwa 40 Minuten backen.

Speckbrötchen

für 2-4 Personen; Zubereitungszeit: ca. 60 Minuten (mit Ruhezeiten)

Zutaten

- 300 g Weizenmehl
- 200 g geschrotetes Roggenmehl
- 1 Päckchen Hefe
- 1 Ei
- 1 Prise Salz
- 1 TL Zucker
- 1 Zwiebel
- 150-200 g durchwachsener geräucherter Speck

Zubereitung

- Aus Weizenmehl, geschrotetem Roggenmehl, der angerührten Hefe, dem Ei, Salz und Zucker mit dem Rührgerät (Knethaken) einen Teig bereiten. 30 Minuten zum Gehen an einen warmen Ort stellen.
- Inzwischen Zwiebel und Speck fein hacken, in einer Pfanne auslassen und goldbraun werden lassen.
- Den Teig noch einmal mit den Händen gut durchkneten, die inzwischen erkalteten Zwiebel- und Speckstückchen unterkneten und anschließend flache Kugeln (ca. 5 cm Durchmesser) daraus formen.
- Die Brötchen oben mit einem Messer kreuzförmig einschneiden und dicht nebeneinander in eine flache, gefettete feuerfeste Form geben.
- Noch einmal 10 Minuten ruhen lassen und anschließend mit Sahne bestreichen.
- Bei 225 °C ca. 20 Minuten im Backofen auf mittlerer Schiene ausbacken.

Ernährungstherapie und Diäten

Manche Erkrankungen lassen sich auf eine fehlerhafte oder einseitige Ernährung zurückführen. Andere Krankheiten sind bereits durch eine bewusste und gezielte Ernährung zu heilen oder zumindest zu lindern.

Grundsätzliche Ernährungstipps, wie sie oben gegeben wurden, können helfen, erst gar nicht krank zu werden. Eine vermehrte Ernährung mit Rohkost beugt zum Beispiel verschiedenen Krankheiten vor und ist gut für die Verdauung.

Zu den Kräutern, die problemlos dem Essen beigemischt werden können und zusätzlich den Speisen einen würzigen Geschmack verleihen, zählen die Kressearten. Sie wirken als natürliches Antibiotikum, beugen Infektionskrankheiten vor und schützen beispielsweise Leberkranke. Zudem schmecken Brunnen-, Garten- oder Kapuzinerkresse an Salaten sehr gut und sehen dekorativ aus.

Krankenkost, die in den Klöstern für die Krankenstation speziell zubereitet wird, berücksichtigt viele der angesprochenen Ratschläge und fasst sie zu einer mehrtägigen bis mehrwöchigen Diät zusammen. Nicht selten taucht die Frage auf, was man jemandem zu essen geben soll, der plötzlich krank geworden ist oder sich schlicht „nicht gut" fühlt. Wenn noch keine spezielle Diagnose vorliegt, machen Krankheiten oftmals durch solch allgemeine Symptome wie Fieber, Erbrechen oder Durchfall auf sich aufmerksam.

Ein grundsätzlicher, zwei- bis dreistufiger Diätplan soll hier Orientierung für eine Ernährung bieten, die im beschriebenen diffusen Krankheitsfall helfen kann:

1. Phase

Am ersten Tag, an dem sich die Krankheit bemerkbar macht, empfiehlt es sich, überhaupt nichts zu essen. Nur ungesüßter, lauwarmer Tee sollte getrunken werden. Welche Sorte auszuwählen ist, kann aus dem Kapitel „Heilkräuter der Klostergärten“ herausgesucht werden. Mit Fencheltee allerdings kann man nichts falsch machen; auch Hagebuttentee kann ersatzweise getrunken werden.

Geht die Krankheit mit Durchfall einher, sollte man schwarzen Tee trinken oder abgekochtes Wasser, in das man eine Prise Galgant hineinstreut (als Granulat oder Pulver). Im Ausnahmefall ist als feste Nahrung allenfalls in Tee gestippter Zwieback zu empfehlen.

Ab dem zweiten Tag kann die Nahrung „aufgestockt“ werden mit Zwieback und Apfelkompott, möglichst frisch gekocht, nicht zu Brei verkocht, sondern noch mit Apfelstückchen darin. Am besten kocht man die geschälten Apfelstückchen, die zunächst in dieser ersten Phase noch ungesüßt bleiben, in verhältnismäßig viel Wasser.

Zur Mittagszeit kann eine Dinkelsuppe oder eine Dinkel-Grieß-Suppe, die man etwas salzt und mit Petersilie würzt, gegessen werden. Wenn Sie Appetit haben, können Sie auch etwas altes Weißbrot dazu essen. Echte Hühnerbrühe mit etwas Hühnerfleisch kann ebenfalls in der ersten Zeit, jedoch nicht am ersten Tag gereicht werden. Außer Äpfeln sollte man nichts weiter an Obst essen, denn Äpfel enthalten alles, was der Körper in diesem Zustand benötigt.

2. Phase

Die zweite Phase erweitert die beschriebenen Lebensmittel um:

- Weizenknäckebrot und älteres Hefegebäck
- Quittenkompott oder -gelee, Kirschkompott, gekochte Himbeeren, Brombeeren oder Johannisbeeren, ältere rohe Äpfel. Gesüßt werden sollte allenfalls mit etwas Honig
- gekochtes Kalbfleisch, Hammel- oder Ziegenfleisch, Hecht
- Fenchelgemüse, Schwarzwurzeln, alles Rübengemüse außer Karotten; Kürbis, Mangold
- Haferflocken
- Gebäck und Brot aus Dinkelmehl, Kopfsalat (nicht ganz knackigen!), Kartoffelsalat (sehr mild angemacht, nur mit etwas Essig und Öl)
- Milch, Mehlspeisen, Dinkelkaffee
- wenig Butter

- leichtes Gebäck, Biskuit etc., getrocknete Datteln
- zum Würzen: Zimt, Muskatnuss, rohe Petersilie

3. Phase

Bei längerer Krankheit sollte eine dritte Phase eingelegt werden, die noch etwas unter dem Niveau der Normalkost anzusiedeln ist. Alles ist erlaubt außer:

- Wurst
- Mariniertem (am Abend)
- Pfeffer
- Konserven (besser etwas Frisches!)
- Aal, Karpfen, Sardinen
- Ente, Gans, Schweinefleisch
- Lauch, Gartenkresse, Gurken
- Blaubeeren, Birnen (allenfalls kochen und ohne Sud servieren), Pfirsichen, Pflaumen, Rhabarber
- Nüssen, Kartoffelpüree, rohen Zwiebeln, Likör, Schnaps, Bohnenkaffee, Zigaretten etc.

Außerdem ist bei den Speisen auf eine mäßige Temperatur und nicht zu scharfe Gewürze – egal ob süß, sauer, bitter oder salzig – zu achten.

Die klösterliche Krankenstube besteht allerdings aus mehr als einer gesunden Schonkost oder einer speziellen Diät. Wir können von ihr lernen, wie das Herausgenommen-Sein aus den alltäglichen Vollzügen, die Entpflichtung von den Gebetszeiten und das abgesonderte Leben fern der Gemeinschaft in Ruhe und Stille das Gesund-Werden fördern. Das Zurückgeworfen-Sein auf sich selbst und das Herausgehoben-Werden aus den normalen Abläufen hat gute Gründe. Nehmen Sie sich die Zeit, im Krankheitsfall auch einmal ein paar Tage „loszulassen“ und die Krankheit in Ruhe zu kurieren. Es hilft meistens nicht, schnell zwischendurch ein Mittel einzunehmen, aber im Tagesablauf nichts oder nur wenig zu verändern. Der Körper braucht die Zeit und die Ruhe, um eine Krankheit selbst anzugehen. Die besondere Diät, die Kranken aus vielen Gründen gegeben wird, hat zum einen den Sinn, Giftstoffe, auf die der Körper mit einer Störung reagiert, abzubauen, zum anderen werden dem

Körper bewusst leicht zu bewältigende und vor allem aufbauende Nahrungsmittel zugeführt. Diese Nahrungsumstellung soll auch eine Veränderung im Bewusstsein bewirken und man braucht dementsprechend eine Weile, in der man sich mit den Veränderungen beschäftigt.

Heilkräuter der Klostergärten

Noch bis vor ein paar Jahrzehnten war der Glaube an die Schulmedizin und die chemischen Arzneimittel weitgehend ungebrochen. Immer neue spektakuläre Medikamente machten auf sich aufmerksam und es schien, als ob alle Krankheiten bald besiegt seien. Inzwischen wird mehr und mehr deutlich, dass Krankheit zum Leben gehört und wir unseren Körper nicht zu einem immer schnelleren Funktionieren zwingen können, ohne krank zu werden. Und selbst im akuten Fall einer Erkrankung ist nicht fraglos die chemische Keule ein Garant für eine baldige Genesung. Heilpraktiker und Homöopathen gehören inzwischen schon seit vielen Jahren zur Grundausstattung der Gesundheitslandschaft. Hier wird ein deutlicher Trend zu mehr naturnahen und pflanzlichen Arzneien und Therapiemethoden sichtbar. Warum auch mit Kanonen auf Spatzen schießen? Nicht jede kleine Grippe und jeder Schnupfen muss mit einem Antibiotikum „totgeschlagen" werden. Hausmittel und Altbewährtes sind oftmals genauso wirkungsvoll, schonen dabei den Organismus und bewirken keine Unverträglichkeiten oder Resistenzen.

Die Quelle, aus der viele der sanften und natürlichen Heilmittel kommen, sind oftmals die Klostergärten und -apotheken, die über Jahrhunderte hinweg Rezepturen bewahrt und verfeinert haben. Die Pflanzenmedizin erlebte einen ersten Höhepunkt in Hildegard von Bingen, die uns als eine der hervorragenden Frauen des 12. Jahrhunderts in zahlreichen Schriften einen reichen Schatz ihres Wissens überliefert hat. Gerade in der letzten Zeit, in der es eine deutliche Abkehr vom übermäßigen Gebrauch synthetischer Arzneimittel hin zu den therapeutisch nutzbaren pflanzlichen Wirkstoffen gibt, sind ihre Rezepturen wieder gefragt. Medizinische Vorsorge und Selbsttherapie sind in vielen leichteren Krankheitsfällen eine echte Alternative zum Arztbesuch. Hildegard kannte noch eine ganzheitliche Heilmethode, die in der naturwissenschaftlich differenzierten Medizin heute erst langsam wieder entdeckt wird. Durch die Spezialisierung auf einzelne Symptome gerät bei einer Therapie nicht selten der Mensch als Ganzes ins Hintertreffen. Für den mittelalterlichen Menschen war noch selbstverständlich, dass der Mensch mehr ist als die Summe seiner Organe und Körperfunktionen: Leib und Seele sind auch im Krankheitsfall nicht zu trennen.

Die traditionellen Heilkräutergärten, die in den Plänen vieler Klöster verzeichnet sind – oftmals mit genauen Angaben über die Pflanzen –, geben ein beredtes Zeugnis vom festen Platz, den die Pflanzenmedizin und natürliche Heilkunde dort hatte.

Wer war Hildegard von Bingen?

„Die Seele ist also im Leib, was der Saft im Baum ist, und ihre Kräfte gleichen der Gestalt des Baumes. Warum? Der Verstand in der Seele ist wie das Grün der Zweige und Blätter des Baumes, der Wille aber ist wie die Blüten daran, das Gemüt gleicht seiner ersten hervorgebrachten Frucht, die Vernunft der voll ausgereiften Frucht, das Empfindungsvermögen jedoch seiner Ausdehnung in Höhe und Breite. Auf diese Weise wird der Leib des Menschen von der Seele gefestigt und gestützt. Darum erkenne, o Mensch, was du durch deine Seele bist, wenn du die gute Einsicht verwirfst und dich mit den Tieren gleichstellst."

(Nach: Hildegard von Bingen, Scivias, 4. Vision des 1. Teils, 26: Der Vergleich von Baum und Seele)

Hildegard von Bingen (Abb. S.48) wurde 1098 als Tochter des Edelfreien Hildebert von Bermersheim und seiner Frau Mechthild in Alzey geboren. Bereits mit fünf Jahren, so berichtet sie uns, erlebt sie in wachem Zustand Visionen. Im Alter von acht Jahren brachte man sie zwecks einer geistlichen Erziehung in das Frauenkloster auf dem Disibodenberg an der Nahe, in das sie wenig später eintrat, um Nonne zu werden. 1136 wurde sie Vorsteherin des Klosters und gründete zwei weitere Benediktinerinnenklöster, eines in Bingen auf dem Rupertsberg, ein weiteres in Eibingen bei Rüdesheim. Ihre Visionen begann sie mit 43 Jahren aufzuschreiben – nach eigenen Angaben folgte sie dabei einer inneren Stimme.

Ein gebet zů der heyligen sant Hildegard.
Almechtiger ewiger got wir bitten dich/das du vns
verleihen wöllest den geist der warheit/vnd so genedig
sein/alß du der heyligē iungfrawen sant Hildegard ge
wesen bist/das wir hie zeitlich vnd bey dir inn ewiger se
ligkeit deinen willen volnbringen mögen. Amen.
S.HILDEGART

Sowohl Papst Eugen III. als auch Bernhard von Clairvaux bedachten sie mit höchstem Lob und erkannten ihre Schriften als außergewöhnliche Zeugnisse eines heiligmäßigen Lebens an. Mutig und ohne ein Blatt vor den Mund zu nehmen, kritisierte sie viele Missstände ihrer Zeit. In ihren Briefen an hohe kirchliche und weltliche Würdenträger bemängelt sie zum Beispiel die zunehmende Verweltlichung des Klerus. Auf vier ausgedehnten Predigtreisen trat sie öffentlich auf und Bischöfe und Könige fragten sie um Rat. Weit über die Grenzen Europas hinaus drang bereits zu Lebzeiten ihr Ruhm. Neben ihren theologischen Schriften fanden besonders die naturwissenschaftlichen große Beachtung. Schon bald nach ihrem Tod im Jahr 1179 wurde der Heiligsprechungsprozess eingeleitet; unsicher hingegen ist, ob er formal jemals vollendet wurde oder ob nicht das Verfahren in den Wirren der Mainzer erzbischöflichen Behörde auf der Strecke blieb.

Der besondere Wert ihrer Schriften für uns beruht nicht allein auf den medizinischen Ratschlägen und Rezepten, die teilweise heute noch unverändert zu verwenden sind, sondern ebenso auf den zahlreichen Hinweisen, dass der Mensch als Einheit von Leib und Seele zu begreifen ist. Wie ein roter Faden zieht sich diese Überlegung durch die Schriften Hildegards. Ihre Aussagen über den menschlichen Organismus, über Krankheitsursachen und Heilungsmethoden isolieren niemals einen Körperteil oder ein Organ vom Gesamtleib.

Darüber hinaus zieht sie noch weitere gewagte Linien: So wie der Leib nicht ohne die Seele gedacht werden kann, so kann auch das All nicht ohne den Menschen gedacht werden. Die Seele kann sich nur in einem Körper ausdrücken, und umgekehrt ist ein Körper nur mit einer Seele vorstellbar. Leib und Seele sind lediglich insofern getrennt zu betrachten, als sie jeweils eine Seite der gleichen, komplexen Wirklichkeit darstellen: eine für das Mittelalter erstaunliche Einstellung, die auch die heutige Medizin wieder entdeckt hat!

Einschränkend ist hinzuzufügen, dass alle im Folgenden aufgeführten Rezepturen und Hinweise dem Stand heutiger Medizin angepasst sind und in keinem Fall das Wissen der Hildegard von Bingen oder anderer klösterlicher Überlieferungen entgegen neuzeitlichen pharmakologischen Erkenntnissen empfohlen wird.

Zubereitungen und Darreichungen

Die Angaben, die in den Handschriften Hildegards von Bingen gemacht werden – zumal ein Teil ganz offensichtlich visionären Ursprungs ist – oder die sich in den zahlreichen tradierten Medizinbüchern aus diversen Klöstern finden, sind oft sehr spärlich und bedürfen der Ergänzung und Überprüfung an neuzeitlichem medizinischem und pharmakologischem Wissen: keine Seltenheit für mittelalterliche Arzneimittelbeschreibungen. In der Regel gibt es kaum eine Abgrenzung zwischen Kräutern, die in der Küche verwendet werden, und ihrer medikamentösen Anwendung.

Einige Darreichungsformen tauchen in Bezug auf die innere Anwendung immer wieder auf:

- Die erste ist ein zur inneren Anwendung bestimmtes Getränk. Dazu wird eine Essenz des jeweiligen Krautes mit Wasser, Wein oder hochprozentigem Alkohol versetzt und anschließend mit Zucker oder Honig angereichert – nicht allein zur Verbesserung des Geschmacks, sondern auch, um den Trunk haltbarer zu machen. Nicht zuletzt haben die Süßstoffe in der mittelalterlichen Medizin auch eine eigene Bedeutung als Stärkungspräparat.
- Bei der Zubereitung eines Getränks oder einer Tinktur werden zunächst die Inhaltsstoffe pulverisiert bzw. die frischen Kräuter im Mörser zerstampft, zerschnitten oder gehackt. Anschließend übergießt man sie mit heißem Wasser oder mit Wein oder man kocht sie darin oder legt sie für eine Weile in Alkohol (Äthanol) ein. Danach wird der Sud abgeseiht oder durch ein Leinentuch gegossen, um Rückstände abzufiltern. Schließlich gibt man Zucker oder Honig in das Getränk. Die Alkohollösungen (Tinkturen) hingegen kann man gut aufbewahren.
- Für entsprechende Cremes werden die Inhaltsstoffe zerkleinert und mehrfach in reinem Olivenöl erwärmt, das man am Tag danach unter Beigabe von reinem Bienenwachs bis zur gewünschten Festigkeit andickt.
- Inhalationen (auch Dampfbäder) werden mit ätherischem Öl oder einer selbst hergestellten alkoholischen Tinktur gemacht, indem Sie in eine

Schüssel mit heißem Wasser 5-8 Tropfen davon geben und die Dämpfe unter einem Tuch einatmen.

- Es ist auch möglich, eine Art Teebeutel aus Leinen herzustellen, in den man die Kräuter gibt (Kräutersäckchen), um sie dann in der kochenden Flüssigkeit ziehen zu lassen. Die Tees und Säfte sollten möglichst leicht temperiert, das heißt lauwarm, eingenommen werden.
- Eine weitere Darreichungsform besteht aus Umschlägen und Auflagen, das heißt aus einem Leinentuch oder etwas Ähnlichem – manchmal genügt schon ein Handtuch –, das mit einer Tinktur oder einem Sud getränkt und auf die entsprechende Stelle gelegt wird.
- Plätzchen aus bestimmten Inhaltsstoffen können nicht nur leicht hergestellt, sondern auch gut aufbewahrt werden.
- Zur inneren (manchmal auch äußeren) Anwendung gibt es grundsätzlich zwei Arten Tees aufzubrühen. Für die erste wird das Kraut – in der Regel über Nacht – in kaltem Wasser eingeweicht und der Sud danach erhitzt (Kaltansatz). Für die zweite Art übergießt man das Kraut mit kochendem Wasser und lässt es eine geraume Zeit ziehen. In beiden Fällen gießt man die Rückstände durch ein Teesieb ab.

Welches Kraut bei welcher Krankheit?

Im Folgenden ist aufgelistet, bei welchen Krankheitssymptomen welche Kräuter mögliche Hilfe, Linderung oder Heilung bewirken. Ermitteln Sie zunächst die entsprechenden Beschwerden und lesen Sie dann bei den alphabetisch sortierten Kräutern nach, welches Kraut dasjenige ist, das sich am besten eignet. Für manche Krankheiten sind mehrere Kräuter möglich. Wenn nicht bald Linderung eintritt, sollte in jedem Fall ein Arzt oder eine Ärztin zurate gezogen werden.

Abstillen	Salbei
Abwehrkräfte	7-Kräuter-Pulver, Hagebutte
Akne	Quendel
Angstzustände	Baldrian, Johanniskraut, Melisse, Ringelblume
Appetitlosigkeit	Anis, Fenchel, Koriander, Majoran, Zimt
Appetitzügler	Apfel
Allergien	Dinkelernährung
Atemwegserkrankungen	Brombeere
Blähungen	Anis, Engelwurz, Fenchel, Kümmel, Liebstöckel
Blasen- und Nierenleiden	Hagebutte, Kamille, Liebstöckel, Wacholder
Blutdruck, hoher	Knoblauch
Blutdruck, niedriger	Distel, Knoblauch, Rosmarin
Bluterguss	Arnika, Beinwell, Rosskastanie
Blutreinigung	Frauenmantel
Bronchitis	Brombeere
Cholesterinspiegel, zu hoher	Apfel, Knoblauch
Darmentzündungen	Fenchel, Kamille, Minze, Wacholderbeere
Darmkrämpfe	Beifuß, Bibernelle, Dinkelernährung, Fenchel, Minze
Depressionen	Hopfen, Johanniskraut
Diabetes	Apfel, Dinkel, Heidelbeere
Durchblutungsstörungen	Myrrhe
Durchfall	Brombeere, Eichenrinde, Heidelbeere, Frauenmantel, Majoran
Entschlackung	Brennnessel
Entzündungen	Kamille, Liebstöckel, Salbei
Erbrechen	Distel, Kamille, Kümmel
Erkältung	Anis, Minze, Thymian, Zwiebel
Fieber	Distel, Essig, Meisterwurz
Frauenleiden	Frauenmantel

Gallenkolik/Gallensteine	Brennnessel, Distel, Kamille, Ringelblume
Gelbsucht	Distel
Gelenkschmerzen	Beinwell
Geschwüre	Beinwell, Brennnessel
Gicht	Brennnessel, Engelwurz, Hagebutte, Sellerie
Gliederschmerzen/Grippe	Bibernelle, Engelwurz, Kamille
Grippeschutz	Edelpelargonie
Halsschmerzen	Bibernelle, Salbei, Zwiebel
Hämorrhoiden	Eichenrinde
Hautreizungen und -abschürfungen	Arnika, Minze
Heiserkeit	Anis, Frauenmantel, Königskerze, Minze
Herzbeschwerden	Apfel, Arnika, Dinkelernährung, Galgant, Hopfen, Melisse
Hexenschuss	Raute
Husten	Andorn, Bibernelle, Brombeere, Dill, Fenchel, Salbei, Thymian, Zwiebel
Infektion	Knoblauch
Insektenstiche	Melisse, Wegerich, Zwiebel
Kehlkopfentzündung	Königskerze
Knochenverletzungen	Beinwell
Kopfschmerzen/Migräne	Baldrian, Majoran, Minze, Mutterkraut
Krämpfe	Minze, Ringelblume, Thymian
Krankheitsvorbeugung	7-Kräuter-Pulver, Edelpelargonie
Kreislaufbeschwerden	Anis, Dinkelernährung, Melisse
Leberleiden	Distel, Ringelblume
Lungenleiden	Hagebutte, Wacholderbeere
Magenschmerzen	Beifuß, Bibernelle, Engelwurz, Hagebutte, Kamille, Melisse, Ringelblume
Melancholie	Engelwurz, Johanniskraut, Melisse
Menstruationsstörungen	Baldrian, Engelwurz, Kamille, Raute
Mundgeruch	Minze
Muskelschmerz	Beinwell, Minze

Nervenschmerzen	Engelwurz, Dinkelernährung, Melisse
Nervosität	Baldrian, Johanniskraut, Lavendel
Nieren	Brennnessel, Hagebutte, Liebstöckel
Ohrenschmerzen	Andorn, Kamille
Prellungen	Arnika, Beinwell, Essig, Ringelblume, Rosskastanie
Prostata	Brennnessel
Quetschungen	Arnika, Beinwell, Rosskastanie
Rachenentzündung	Aronstab (homöopathisches Präparat) Minze
Reizhusten	Brombeere
Reisekrankheit	Distel
Rheuma	Brennnessel, Hagebutte, Sellerie
Schlafstörungen	Baldrian, Engelwurz, Melisse, Ringelblume
Schnupfen	Kamille, Minze
Schweißfüße	Eichenrinde
Schwindel	Majoran
Schwitzen	Salbei
Sodbrennen	Kamille
Stillschwierigkeiten	Fenchel
Übelkeit	Kümmel
Verbrennungen	Kamille, Leinsamen, Ringelblume
Verdauungsstörungen	Bibernelle, Distel, Fenchel, Liebstöckel
Verstopfung	Hagebutte, Feige, Liebstöckel
Völlegefühl	Engelwurz
Wechseljahrsbeschwerden	Baldrian, Frauenmantel
Wunden	Arnika, Beinwell, Kamille, Ringelblume
Zahnfleischentzündungen	Bibernelle, Minze, Myrrhe, Salbei

Die Kräuter, ihre Zubereitung und Anwendung

Anistee

bei Erkältungen, gegen Blähungen und zur Anregung des Appetits

Besonders aus den französischen Klöstern stammen die Rezepturen, die Anis verwenden; das verwundert nicht, wenn man sich daran erinnert, dass Anis für einen der beliebtesten französischen Aperitifs („Pernod“) verwendet wird. Aber auch als Gewürz bei Blähungen oder in Verbindung mit anderen Kräutern als Tee aufgegossen, ist Anis bei Erkältungskrankheiten und zur Stärkung des Kreislaufs ein wohlschmeckendes und gutes Heilmittel.

Hieronymus Bock schrieb 1577 in seinem legendären Straßburger Kräuterbuch:... „Weitter so eröffnet ænis den gang zum vnkeuschen samen ist es ein Mann / oder zu der Milch, ist es eine Frau oder Seugerinn.“ Ganz offensichtlich fördert die Anwendung von Anis also auch bei stillenden Müttern die Milchsekretion.

In Verbindung mit Speisen und als Gewürz sollte Anis wegen seines intensiven Geschmacks nur sparsam verwendet werden. Anis verfeinert Lebkuchen, aber auch Kompotte, Rotkohl, Gurken, Kürbis und Pilzgerichte. Anistee mit Fenchel und Kümmel: Aus je einem Teil (25 g) zerkleinerter und zerdrückter Anis-, Fenchel- und Kümmelfrüchte stellt man eine Mischung her, von der man anschließend einen gehäuften Teelöffel in eine Tasse gibt und mit kochendem Wasser übergießt. Nach 15 Minuten seiht man die zerstoßenen Früchte ab und trinkt den warmen Tee mehrmals täglich in kleinen Schlücken. Besonders auch für Kinder eignet sich der wohlschmeckende Tee, den man mit Honig süßen kann, als Mittel gegen Blähungen und Erkältungen.

Apfel
gegen übermässigen Appetit

Der Genuss von 1 bis 2 Äpfeln pro Tag hilft manchmal beim Abnehmen, weil Äpfel den Appetit zügeln, den Blutzuckergehalt regulieren und sogar eine Senkung des Cholesterinspiegels bewirken können, womit sie auch bei Herzkrankheiten eine heilsame Wirkung haben können.

Arnikatinktur
für die Wundbehandlung

Bei vielen äußerlichen Verletzungen, Prellungen, Stürzen und kleineren Wunden sowie bei Hautschürfungen und Quetschungen bis hin zu kleineren Blutergüssen hat sich als klösterliches Heilmittel und inzwischen auch als Hausmittel die Arnikatinktur bewährt. Zu ihrer Herstellung besorgt man Arnikablüten aus der Apotheke, weil die Pflanze unter Naturschutz steht, und gibt sie in eine verdünnte Alkohollösung (70 %), die man ebenfalls in der Apotheke bekommt, oder in weißen hochprozentigen Schnaps. Die in einer Glasflasche mit dem Alkohol vermengten Blüten (1:10) werden fest verschlossen für drei Wochen an einen möglichst sonnigen Ort (Fensterbank oder Ähnliches) gestellt. Danach gießt man die Flüssigkeit durch ein Leinentuch oder ein feines Sieb ab und füllt sie in kleine, handliche Fläschchen, die möglichst mit Korken oder Schraubverschluss verschließbar sind (Apotheke oder Laborbedarf). Arnikatinktur gibt es auch fertig in der Apotheke.

Bei Hautabschürfungen und kleineren Wunden kann man die Tinktur verdünnt auftragen oder Umschläge damit machen. (Vorsicht: Arnikatinktur immer im Verhältnis 1:3 mit Wasser verdünnen, da es sonst zu Hautrötungen mit Blasenbildung kommen kann!) Auch wenn das erste Auftragen brennt, so hilft die Tinktur doch sehr schnell bei vielen Arten von Hautverletzungen.

Aus den Blüten können Sie auch einen Tee aufgießen: 1 Teelöffel Arnikablüten mit einer Tasse kochendem Wasser überbrühen, 7-10 Minuten ziehen lassen und anschließend abseihen. Der Tee eignet sich für Auflagen oder Umschläge (ein Leinentuch damit tränken

Aronstab

in der Homöopathie – ein klassisches Mittel bei Rachenentzündungen

In der Apotheke gibt es das Homöopathicum Arum triphyllum (gebräuchliche Potenzen, D_2, D_3), das bei Rachenentzündungen wirksam ist – besonders für Sängerinnen und Sänger, aber auch für Menschen, die viel und laut sprechen müssen. Man sollte mehrmals täglich bis maximal 8 Tropfen davon nehmen. Mit einer stark verdünnten Tinktur (5 Tropfen in 1 Glas lauwarmes Wasser) kann man auch gurgeln.

Baldrian

– ein altbewährtes Beruhigungsmittel

Für Schlafprobleme, bei Nervosität, bei Kopfschmerzen und auch bei Menstruations- und Wechseljahrsbeschwerden ist Baldrian eine natürliche und bewährte Medizin, die schon Hildegard von Bingen in ihrer Aufstellung pflanzlicher Heilmittel erwähnt.

Baldrianpräparate sind in verschiedenen Formen in der Apotheke zu bekommen; eine Tinktur lässt sich aber problemlos selbst herstellen.

Man nimmt dazu die gesäuberten Baldrianwurzeln (Erntezeit September), gibt sie locker in eine Flasche und übergießt sie mit 70%igem Äthanol. Die Flasche sollte gut gefüllt sein. Nach mehreren Wochen, in denen die Flasche an einem warmen Ort aufbewahrt und mehrfach geschüttelt werden muss, kann man die Tinktur durch ein Leinentuch oder ein feines Sieb gießen, um die Wurzeln zu entfernen. Die Wurzel lässt sich auch trocknen, sodass man sie später verarbeiten kann.

Als Tee bereitet man Baldrian zu, indem man 1 bis 2 Teelöffel zerkleinerte Baldrianwurzel in 250 ml kaltes Wasser einrührt und 10 bis 12 Stunden ziehen lässt. Zwischendurch sollte der Sud immer wieder einmal umgerührt werden. Nach dem Ziehen wird die Flüssigkeit erhitzt, aber nicht zum Kochen gebracht. Den Sud lässt man noch ein paar Minuten stehen, bevor man die Wurzelstückchen schließlich abgießt. Es empfiehlt sich, im Bedarfsfall 2-3 Tassen täglich davon zu trinken.

Basilikum

ein köstliches Gewürz mit magenstärkender Wirkung

Nicht nur als italienisches Gewürz zu Tomaten mit Mozzarella hat sich Basilikum inzwischen wieder einen Namen gemacht, sondern auch zur Beruhigung der Nerven, zur Stärkung des Magens und zum Anregen des gesamten Organismus. Basilikum kann Salaten, aber auch Lamm-, Hammel- oder Schweinefleischgerichten beigegeben werden.

Für die Zubereitung eines Tees nimmt man 2 Teelöffel gehacktes Basilikum, übergießt es mit 250 ml kochendem Wasser und lässt den Tee 10-15 Minuten ziehen; danach seiht man die Rückstände ab. Bei Bedarf trinkt man ungesüßt täglich 2-mal eine Tasse.

Beifuß

bringt den kranken Magen wieder „bei Fuß“

Hildegard von Bingen schätzte Beifuß als Gewürzkraut besonders für Magenkranke, die die Speisen nicht mehr vertrugen. Beifuß ist mit dem Wermut verwandt, dessen Wirkung noch stärker ist. Er gilt auch heute noch als das ideale Gewürz, das man zu den Speisen gibt, wenn man an einem empfindlichen Magen oder Darm leidet. Er darf allerdings nicht auf die Speisen aufgestreut werden, sondern muss immer mitgekocht werden. Man verwendet die frischen oder getrockneten, entblätterten Blütenrispen, die man kurz vor dem Aufblühen geerntet hat. Die Blätter des Beifußes sind ungenießbar. Allerdings werden durch Beifuß alle Speisen einen leicht bitteren Geschmack erhalten, den Sie kaum überdecken können. Eine geschmacklich viel feinere Mischung ist zu erreichen, wenn Sie nach guter klösterlicher Tradition eine Gewürzmischung herstellen:

5 g Beifuß, 3 g Basilikum, 2 g Thymian und 2 g Rosmarin. Die getrockneten Gewürze sollten fein zerrieben und durch ein Sieb gestrichen werden. Für alle, die auf Salz als Würze verzichten müssen, ist das ein vorzügliches Gewürzpulver. Während der Schwangerschaft sollte Beifuß nicht eingenommen werden!

Beinwell

für schlecht heilende Wunden und Muskelschmerz

Wie der Name schon andeutet, ist das Gewächs besonders für seine Heilkraft bei Knochenverletzungen bekannt. Die Pflanze ist auch unter dem Namen Comfrey, Wallwurz oder Beinwurz bekannt. Für eine Einreibung empfiehlt es sich, die Beinwellwurzeln im Herbst oder Frühjahr auszugraben, gut abzuwaschen, zu bürsten und anschließend so klein wie möglich zu zerschneiden oder auf einer Gemüseraspel zu hobeln. 30 g der Masse setzt man dann sofort in 100 g 50%igem Alkohol an. In einem verschlossenen Gefäß muss das Ganze anschließend ca. 3 Wochen stehen und ab und zu geschüttelt werden. Zuletzt werden die Pflanzenrückstände abgeseiht. Mit dieser Tinktur kann man mehrmals täglich die Haut gut einreiben. Die Pflanzenreste eignen sich auch für eine Auflage auf die betroffenen Stellen – auch bei Quetschungen und Prellungen. Möchten Sie eine haltbare Creme herstellen, gehen Sie wie oben beschrieben vor, geben die geraspelte Masse allerdings nicht in Alkohol, sondern sofort in gutes Olivenöl. Mehrmals am Tag erwärmt man die Masse, ohne sie zu kochen, und lässt sie wieder abkühlen. Am nächsten Tag wiederholt man die Prozedur und gibt zum Schluss beim letzten Erwärmen reines Bienenwachs hinzu, bis die Masse die gewünschte Konsistenz erreicht hat. Bei Prellungen, Zerrungen und Blutergüssen empfiehlt es sich, aus Beinwell einen Umschlag oder eine Packung zu machen. Man zerkleinert dazu die frische oder getrocknete Wurzel und befüllt damit ein Leinensäckchen zu drei Vierteln; dieses Säckchen kocht man aus und lässt es so lange im Topf ziehen, bis es nur noch lauwarm ist. Dann gibt man es auf die betroffene Stelle, deren Haut jedoch nicht angegriffen sein sollte. Wegen der enthaltenen Giftstoffe darf Beinwell nur äußerlich angewendet werden! Während der Schwangerschaft ist auf eine Anwendung zu verzichten.

„Esst Bibernelle, *dann sterbt ihr nicht so schnelle!“*

Dieser Spruch, der wohl auf die Zeiten der Pest zurückgeht, ist sicherlich übertrieben. Doch kann man der Bibernelle eine sehr positive Wirkung auf den Magen-Darm-Trakt und auf schmerzendes Zahnfleisch zusprechen. Auch als milder Hustenlöser eignet sich dieses Kraut, das ohne Probleme im heimischen Garten anzubauen ist und ohnedies auch als Küchenkraut wegen seines hohen Vitamingehalts zu empfehlen ist. Wegen seiner vielfältigen Heilanzeigen zählt es zu den „Top ten der Kräutermedizin".

Einen Tee bereitet man aus 1 Teelöffel der zerkleinerten Wurzel, die man mit 125 ml heißem Wasser überbrüht und 10 Minuten stehen lässt; schon 2-3 Tassen pro Tag zeigen eine deutliche Wirkung. Der Tee eignet sich auch für Mundspülungen und zum Gurgeln.

Es ist auch ein Kaltauszug möglich, der sich besonders für die Anwendung im Mund- und Rachenraum empfiehlt. Dazu zerkleinert man die Wurzel und gibt 2 Teelöffel davon in eine Tasse mit kaltem Wasser. Nachdem die Flüssigkeit 10-12 Stunden gezogen hat, kann man sie abseihen und mehrmals täglich damit gurgeln oder den Mund spülen.

Bei besonders hartnäckigen Halsentzündungen kann man als Teeaufguss auch eine Mischung aufbrühen: 20 g Bibernellwurzel, 20 g Kamillenblüten und 10 g Blutwurzeln. Davon 1 gehäuften Teelöffel auf 250 ml Wasser kalt ansetzen, langsam erhitzen, 1 Minute kochen und abseihen.

Brennnessel-Spinat
zur Entschlackung

Zur Entschlackung und zur Anregung der Nierentätigkeit kann man einen Tee aus frisch geernteten oder getrockneten, möglichst jungen Brennnesseln aufbrühen. Dazu übergießt man pro Tasse 1 Teelöffel zerkleinerter Brennnessel mit kochendem Wasser und lässt das Ganze einige Minuten ziehen. Nach dem Abseihen kann man den Tee mit Honig süßen. Die volle Wirkung entfaltet dieser Tee, wenn man 3-5 Tassen pro Tag davon trinkt. Aus jungen Brennnesselpflanzen lässt sich ein leckerer Spinat herstellen, den man ebenfalls zur Entschlackung benutzen kann.

Brennnesselsamen erntet man (am besten mit einem Handschuh) im Herbst, wenn er schon eine bräunliche Färbung angenommen hat. Die Wurzel hingegen kann man entweder im Spätherbst, möglichst nach dem ersten Frost, oder im Frühjahr, bevor die Pflanze austreibt, ausgraben. Bei Prostataleiden kann es hilfreich und heilsam sein, aus dem Samen, aus Blättern und zerkleinerten Wurzelstücken in der oben beschriebenen Weise einen Tee herzustellen. Man kann alternativ auch 2 gehäufte Teelöffel voll in 250 ml Wasser ca. 5 Minuten kochen und anschließend durch ein Teesieb gießen. Äußerlich angewendet, wirkt die Brennnessel gegen Gicht und rheumatische Beschwerden. Dazu gehören einerseits starke Nerven, denn man verursacht mit den Brennnesselpflanzen Hautreizungen, die brennen und jucken; andererseits ist die Gefahr einer allergischen Reaktion nicht auszuschließen. Zwar sind im günstigsten Fall Rheumatiker mehrere Tage schmerzfrei, doch sind die Risiken nicht unerheblich, sodass man zuvor den Arzt konsultieren sollte.

Brombeerelixier
gegen Reizhusten

Gegen Verschleimung der Atemwege, bei Reizhusten und Bronchitis hilft ein Elixier, das aus verschiedenen Ingredienzen zusammengemixt wird. Schon Hildegard von Bingen beschreibt die Tinktur als eine der wichtigsten bei Atemwegserkrankungen. In fast allen Klostergärten, besonders gern im Schatten der oftmals hohen Klostermauern, wuchsen Brombeeren, sodass die Beschaffung der Zutaten – damals wie heute – kein Problem darstellt. Vermischen Sie 9 g Bertrampulver, 7,5 g getrocknete Brombeerblätter und 2 g Ysoppulver (in Apotheken erhältlich) mit 5 g getrocknetem Oregano und kochen Sie alles mit 100 g Honig in 1/2 l Weißwein. Dann seihen Sie die Rückstände ab. Nach dem Essen sollte man davon 1 Likörglas trinken. Das Mittel hilft auch bei einer Verschleimung der Atemwege durch Lebensmittel, die viel tierisches Eiweiß enthalten, oder durch erhitzte Käsemahlzeiten (Käsefondue, Raclette etc.).

Ein Brombeertee hilft bei Durchfall und bei Entzündung der Magen- und Darmschleimhäute, zum Gurgeln kann man ihn bei Rachenentzündungen anwenden. Am besten stellt man eine Teemischung her: je 1 Teil Brombeer-Himbeerblätter-Mischung, Huflattichblätter und Lindenblüten. 2 gehäufte Teelöffel davon überbrüht man mit 250 ml kochendem Wasser, lässt den Tee 15 Minuten ziehen und seiht die Rückstände ab. Man kann ihn mit Zitronensaft abschmecken und mit Honig süßen.

Dinkelnahrung
hilft bei Allergien und Darmerkrankungen

Schon Hildegard von Bingen hat den Hinweis gegeben, dass jemand, der sehr geschwächt ist, mit einer Speise aus gekochten Dinkelkörnern, Butter, Salz und Eidotter, wieder auf die Beine zu bekommen ist. Auch heute noch, wo viele Menschen an Allergien leiden, ist Dinkel eine willkommene Abwechslung zum Weizen und zu Weizenprodukten. Fast alle Produkte, die sich aus Weizen herstellen lassen, können Sie inzwischen im Handel auch aus Dinkelmehl kaufen. Diabetiker können durch die Verwendung von Dinkel deutlich Insulin einsparen. Fast alle Brotsorten, die Sie heute in den Bäckereien zu kaufen bekommen, sind aus Auszugsmehl hergestellt. Aus Sicht der Ernährungswissenschaft sind solche Brote denaturierte, das heißt minderwertige Lebensmittel. Das hat nichts mit dem Irrglauben zu tun, dass Schwarz- oder Graubrot dem Weißbrot vorzuziehen sei. Die Farbe des – oftmals gefärbten – Brotes sagt noch nichts über seine „inneren Werte„ aus! Allein das volle Korn besitzt sämtliche Inhaltsstoffe, die für eine ausgewogene Ernährung wichtig sind, besonders das Vitamin B_1. Zum Kochen und Backen und zur Herstellung von eigenem Brot sollten Sie nur Vollkornmehle aus Bioläden und Reformhäusern verwenden.

Distel
gegen Vergiftungen, Reisekrankheit und niedrigen Blutdruck

Aus der Marien- und der Benediktendistel, die beide ihren Namen aus klösterlichem Kontext haben dürften, lässt sich ein Tee herstellen, den man in seiner Zusammensetzung je nach Erkrankung etwas variieren kann. Je größer der Anteil an Benediktendistel(blättern) ist, desto eher wirkt der Tee fiebersenkend (und verdauungsfördernd). Die Verwendung der Mariendistel empfiehlt sich besonders bei Leberschädigungen.

Gegen Reisebeschwerden brüht man einen Tee aus einem Benediktendistelblatt, einem halben Teelöffel Marienkörnern (Früchte bzw. Samen der Mariendistel) und einigen Stückchen zerkleinerter Benediktendistelwurzel auf. Dazu werden die Ingredienzen kurz in Wasser aufgekocht. Wenn der Tee einige Minuten gezogen hat, kann man ihn mit Honig süßen. Am Tag vor Reiseantritt sollte man ihn, über den Tag verteilt, schluckweise zu sich nehmen.

Eine Tinktur aus Mariendistel stellen Sie her, indem Sie 10 g getrocknete, zerkleinerte Früchte in 50 g 90%igem Weingeist ansetzen, 5 Tage in einem geschlossenen Gefäß bei Zimmertemperatur lagern und mehrmals täglich schütteln. Dann muss die Flüssigkeit abgeseiht oder abgefiltert werden, damit keine Rückstände in der Flüssigkeit bleiben. Besonders bei Leber- und Gallenbeschwerden, aber auch nach übermäßigem Alkoholgenuss löst man etwa 3-mal täglich 30 Tropfen der Tinktur in Wasser und trinkt sie in kleinen Schlucken. Dieser Tee wirkt auch gegen niedrigen Blutdruck und vor allem bei Leberleiden. Auch für diesen Zweck empfiehlt sich eine Anwendung über den Tag verteilt, mehrere Tage hintereinander.

Edelpelargonienpulver

rüstet das Immunsystem zum Kampf gegen Grippe

Gegen alle grippalen Infekte mit Husten, Schnupfen und Halsschmerzen schützt ein Mischpulver aus 20 g Edelpelargonie (bei Bezugsquellen für Hildegard-Medizin – siehe Anhang – erhältlich), 10 g Bertrampulver und 10 g Muskatnusspulver. Auch bei akuten Erkrankungen kann das Pulver eingesetzt werden: Bei Schnupfen sollte man es mehrfach täglich in die Nase saugen. Gegen Erkältungen kocht man 1 Teelöffel von dem Pulver in 250 ml Wein 3 Minuten lang auf und trinkt den Sud anschließend. Bei Husten und Schmerzen in der Brust stellt man einen Pfannkuchenteig her und vermischt ihn mit 1 Teelöffel des Pulvers. Den Pfannkuchen bäckt man dann mit Äpfeln, Zucker und Butter aus. Als Mittel gegen grippebedingten Kopfschmerz kann man das Pulver als Brotaufstrich mit etwas Salz essen.

Eichenrinde

gegen Durchfall, Hämorrhoiden und Schweißfüsse

In der klösterlichen Heilkunde spielt die Eichenrinde eine wichtige Rolle. Bei verschiedenen Krankheitsbildern kann sie aufgrund ihres hohen Gerbstoffgehaltes eingesetzt werden; die Gerbsäure wirkt zusammenziehend auf Haut und Schleimhäute.

Für die naturmedizinische Anwendung der Eichenrinde verwendet man die Rinde der jüngeren Triebe, in denen im Frühjahr bereits der Saft steht. Die Rinde darf äußerlich nicht von Flechten oder Moosen befallen sein. Man trocknet sie möglichst schnell. Zur innerlichen Anwendung empfiehlt sich ein Tee, der bei Durchfall angewendet werden kann. Für den Tee setzt man 1 Teelöffel getrocknete Eichenrindenstücke, die zuvor zerkleinert worden sind, zunächst für eine geraume Weile in einer Tasse kaltem Wasser an und kocht den Sud dann 2-3 Minuten auf, bevor man die Stückchen abseiht. Mehrfach täglich kann man davon 1 Tasse trinken. Sofort nach Abklingen des Durchfalls ist die Therapie zu beenden. Der Durchfall sollte aber spätestens innerhalb von ein paar Tagen geheilt sein, ansonsten ist unbedingt ärztlicher Rat einzuholen.

Bei Hämorrhoiden und Schweißfüßen sind Sitz- beziehungsweise Fußbäder aus einem Absud aus Eichenrinde zu praktizieren. Auch dazu setzt man eine Hand voll Eichenrindenstückchen in ca. 2 l kaltem Wasser an. Anschließend kocht man den Sud 10 Minuten auf und seiht die Brühe ab. Für ein Sitzbad benutzt man eine entsprechend der Wannengröße verdünnte Menge. Bäder niemals zu heiß oder zu kalt nehmen! Etwa 35-37 °C reichen aus. Nach dem Sitzbad sollten Sie möglichst das Gesäß an der Luft trocknen und den After anschließend mit Ringelblumensalbe cremen. Das Fußbad gegen Schweißfüße – auch gegen Frostbeulen – sollte, damit es sich als hilfreich erweist, in der ersten Zeit jeden Abend angewendet werden. Um die Füße vor dem Austrocknen zu bewahren, müssen sie anschließend gut mit Creme eingerieben werden.

Engelwurz
stärkt die Nerven und den Darm

Die Pflanze mit dem poetischen Namen, der sich nach einer Legende auf die Empfehlung des Erzengels Gabriel zurückführen lässt, ist ein magenstärkendes und nervenanregendes Mittel, das beispielsweise vor Prüfungen gerne genommen wird. Durch den starken Anteil an Gerbstoffen ist die Engelwurz auch wirkungsvoll gegen Blähungen

Vorsicht beim Sammeln: Die Engelwurz sieht- dem hochgiftigen Schierling sehr ähnlich! Deshalb besser in der Apotheke besorgen!

Aus einem Esslöffel der zerkleinerten Wurzel kann man einen Tee bereiten. Man gibt die Wurzelstückchen in 250 ml kaltes Wasser und kocht es dann ca. 5 Minuten auf. Täglich kann man etwa 3 Tassen (vor allem nach dem Mittag- und Abendessen) davon trinken und wird wenig Probleme mit dem Darm, mit Völlegefühl und Blähungen haben.

Einen Wein aus Engelwurz stellen Sie her, indem Sie eine Hand voll Wurzeln, Blätter und Samen der Pflanze hacken und in 1 Flasche Rotwein geben, die man einige Zeit bedeckt an einen warmen Ort stellt. Als Aperitifwein schützt die Engelwurz vor Entzündungen im Verdauungstrakt und stärkt außerdem auf äußerst wohlschmeckende Weise.

Problemlos lässt sich dieses frostempfindliche Heilkraut im Garten halten. Für die erfolgreiche Anzucht sind allerdings feuchter, humusreicher Boden mindestens im Halbschatten und viel Platz zwischen den einzelnen Pflanzen Voraussetzung.

Vorsicht beim Sonnenbaden und unter dem Solarium: Eine längere Anwendung von Engelwurz macht lichtempfindlich!

Essig
gegen Prellungen

Essig ist aus der Klosterküche nicht wegzudenken – nicht allein zum Würzen, sondern auch zum Haltbarmachen von Speisen. Essig kann allerdings auch bei Prellungen in Form von Umschlägen gute Dienste leisten, ebenso bei Wickeln oder Socken zur Fiebersenkung.

Grundsätzlich ist Fieber eine natürliche Reaktion des Körpers, die zur Heilung beiträgt. Aus diesem Grund ist es nicht immer sinnvoll, das Fieber sofort zu unterdrücken.

Diese Wickel oder Socken dürfen nur angewendet werden, wenn der Kranke auch heiße Füße hat, sonst schaden sie mehr, als sie nützen!

In reichlich Wasser gibt man einen guten Schuss Essig und tränkt darin ein Tuch, das man auf die erkrankte Stelle legt. Die Haut darunter sollte unbeschädigt sein.

Wickel oder Socken zur Fiebersenkung stellt man auf die gleiche Weise her. Entweder tränkt man ein Tuch und wickelt es dem Fieberpatienten für einige Minuten um die Waden oder man zieht ihm für ein paar Minuten mit Essigwasser getränkte und ausgewrungene Wollsocken an die Füße. Bei Hautempfindlichkeiten sollte man anschließend cremen.

Feigen
gegen Verstopfung

Ein altbekanntes und in der Klostermedizin ebenso beheimatetes, leichtes Abführmittel stellen Feigen dar. Man sollte keinen Tee daraus brühen, sondern die frischen oder getrockneten Früchte einfach essen.

Das ist zweifellos eines der wohlschmeckendsten Abführmittel, die es gibt! Falls sich allerdings die Verstopfung nicht spätestens in einigen Tagen reguliert, sollte man den Arzt aufzusuchen.

Fenchel, Dill und Andorn
– ein wirksamer Hustensaft

Schon das Mittelalter kannte die Fenchelknolle als eine in mancherlei Hinsicht wirksame Heilpflanze. Auch Hildegard von Bingen nennt ihn an mehreren Stellen und für verschiedene Beschwerden als gutes Mittel – nicht nur ge-

gen Husten, sondern auch bei Beschwerden im Magen-Darm-Bereich (Blähungen etc.).

Ähnliches kann man vom Dill und Andorn berichten. Auch diese Gewürze, die schon im alten Ägypten als Heilkraut bekannt waren, sind im Mittelalter in den Klostergärten Europas zu Hause.

Andorn kann in Form einer Auflage oder eines Umschlags auch bei Schwerhörigkeit oder Beschwerden an den Ohren angewendet werden. Dazu verwendet man die oberen Teile der Pflanze, die man vom Rest abschneidet, abkocht, noch warm auf die betroffenen Stellen legt und mit einer Mull- oder Leinenbinde fixiert.

Fenchel und Dill, zusammen mit Andorn in Wein gekocht, ergeben einen wirksamen Hustenwein. Dazu nimmt man je 3 Teile Fenchel und Dill und 1 Teil Andorn und gibt die Zutaten in ca. 500 ml Wein.

Um einen Hustentee aufzugießen, der besonders für Kinder zu empfehlen ist, nimmt man pro Tasse 1 Teelöffel einer Fenchel-Samen-Blätter Mischung, übergießt sie mit kochendem Wasser und lässt sie 3-5 Minuten ziehen; je nach Geschmack kann mit Honig gesüßt werden. Man kann 3-5 Tassen pro Tag davon trinken. Wenn der Husten nicht innerhalb von drei bis vier Tagen deutlich gelindert wurde, ist in jedem Fall der Arzt aufzusuchen.

Die Milchabsonderung stillender Mütter wird durch Fenchel gefördert. Um eine Fenchelmilch zu kochen, gibt man 10 g Fenchelsamen zusammen mit 250 ml Milch in einen Topf und lässt das Ganze 10 Minuten schwach kochen. Anschließend gießt man die Milch durch ein Teesieb, um den Fenchelsamen abzuseihen.

Frauenmantel

gegen Frauenleiden

Den eindrucksvollen Namen Frauenmantel verdankt dieses Kraut seinem Erscheinungsbild. Wer die Pflanze einmal anschaut, erkennt leicht, dass die

Blätter der mittelalterlichen Form eines Frauenmantels ähnlich sind. Es verwundert nicht, dass die Pflanze in Bezug auf Maria in klösterlichem Umfeld auch Muttergottesmantel genannt wurde. Der Tee hilft bei allen möglichen Frauenleiden und Wechseljahrsbeschwerden, auch bei Durchfallerkrankungen, und ist zusätzlich noch menstruationsregulierend und blutreinigend.

Für die Zubereitung des Tees gibt man 1 Teelöffel von dem Kraut in 250 ml Wasser und lässt es langsam aufkochen. Dann sollte das Ganze 10-15 Minuten ziehen und abgeseiht werden. Man sollte den Tee – bis zu 3 Tassen täglich – schluckweise zwischen den Mahlzeiten trinken.

Galgant
ist gut gegen Herzschwäche

Galgant zählt zu den schärfsten Gewürzen der Welt. Hildegard von Bingen empfiehlt, die Wurzel der Pflanze sofort bei Einsetzen der Schmerzen zu kauen; wer weniger gute Zähne hat, kann Galgant auch als Granulat zu sich nehmen. Einen Wein, der schluckweise über den Tag und warm zu trinken ist, stellen Sie her, indem Sie einen Teelöffel Galgant in 500 ml Wein kochen und abseihen.

Hagebuttenmark und -tee
– ein altes Nierenmittel

Als Nierenmittel schlechthin gilt in der traditionellen Volksheilkunde die Hagebutte. Da sie die Nierentätigkeit fördert und die Ausscheidungen begünstigt, werden auf diese Weise auch die Giftstoffe schnell aus dem Körper ausgeleitet; deshalb ist die Hagebutte auch ein hervorragendes Mittel gegen rheumatische Erkrankungen und Gicht. Zudem ist sie ein guter Vitamin-C-Lieferant. Der Tee aus Hagebutten ist leicht herzustellen. Man trocknet die Früchte, indem man sie aufschneidet und dann folgendermaßen vorgeht: Zuerst breitet man die Fruchtstücke auf einer Unterlage aus, später dörrt man sie im Backofen bei maximal 40 °C, damit sie von innen nicht zu faulen beginnen. 1 Teelöffel der getrockneten roten bis rotorangen Früchte übergießt man in einer großen Tasse mit 250 ml heißem Wasser und lässt den Tee 10 Minuten ziehen. Er kann ohne Bedenken bei allen Nieren- und Blasenerkrankungen literweise getrunken werden.

Schmackhaft und sehr wirksam bei Erkältungen ist eine Mischung aus gleichen Teilen Hagebutten (mit Körnern) und Lindenblüten, die man wie oben beschrieben aufbrüht.

Um Hagebuttenmark zuzubereiten, entfernt man das obere und untere Ende der Früchte„ schneidet sie auf und entfernt die Kerne. In wenig Wasser kocht man die Schalen aus und passiert sie anschließend durch ein Sieb. Mit entsprechender Menge Zucker oder einem Gemisch aus Gelatine und Zucker kann man dann eine köstliche und haltbare Marmelade als Brotaufstrich daraus bereiten.

Hildegard von Bingen empfiehlt Hagebutten als mildes Abführmittel und zur Steigerung der Abwehrkräfte bei Magen- und sogar Lungenerkrankungen – offensichtlich wegen des hohen Vitamin-C-Gehaltes.

Heidelbeeren
gegen Durchfall

Ein äußerst wirksames und leicht herzustellendes Mittel gegen Durchfall ist ein Tee aus getrockneten Heidelbeeren. Dazu verliest man nach der Ernte der Früchte die Beeren und legt sie zum Trocknen aus. Wenn sie getrocknet sind, müssen sie in einem gut verschlossenen Gefäß dunkel aufbewahrt werden und können nach Bedarf verwendet werden.

Der Tee wird aus 3 gehäuften Esslöffeln Heidelbeeren zubereitet, die Sie mit 500 ml kaltem Wasser aufgießen und zum Kochen bringen; vor dem Genuss sollten Sie die Rückstände abseihen. In den Kellern so mancher Klöster wurden größere Mengen solcher Beeren verwahrt, die im Bedarfsfall nicht nur bei Durchfall, sondern auch bei Hals- und Rachenerkrankungen als frisch aufgegossener Tee ein wohltuendes und wirksames Mittel waren. Im Reformhaus können Sie in Flaschen abgefüllten Heidelbeersaft bekommen, der ebenso wie der Tee ein ausgezeichnetes Mittel gegen Durchfall ist. Auch bei leichtem Diabetes sind Heidelbeeren ein sehr gutes Mittel.

Hopfen
– nicht nur zum Bierbrauen

In vielen Klöstern, die Bier selber brauten und bis heute noch brauen, war der Hopfen einerseits zu diesem Zweck eine gut gehegte Pflanze, doch sind auch noch andere wohltuende Wirkungen des Hopfens verzeichnet. Hopfen – allerdings als Tee zubereitet – beruhigt, reinigt das Blut und den Magen, ist gut gegen nervöse Herzbeschwerden (Rhythmusstörungen) und wirkt auch bei Depressionen.

Für einen Teeaufguss gießen Sie 2 gehäufte Teelöffel Hopfenblüten mit 250 ml kochendem Wasser auf und lassen den Tee 15 Minuten ziehen, bevor Sie ihn abseihen. Man trinkt entweder 2-mal täglich davon oder ca. 1/2 Stunde vor dem Zubettgehen eine Tasse als Schlummertrunk, den man mit etwas Baldrian noch verstärken kann.

Johanniskraut
gegen die Melancholie

Zahlreiche Kapseln und Tropfen in den Auslagen der Apotheken weisen auf die Hauptwirkkraft des Johanniskrautes hin. Über einen längeren Zeitraum angewendet, ist es ein wirkungsvoller Stimmungsaufheller und ein Antidepressivum. Echtes Johanniskraut erkennt der Sammler daran, dass beim Zerreiben der Blätter eine rötliche, stark färbende, ölige Flüssigkeit austritt. Johanniskrautöl lässt sich problemlos selbst herstellen: Zerquetschen Sie 50 g Blüten und geben Sie die Masse in 500 ml hochwertiges Speiseöl. Nach etwa einer knappen Woche, in der die geschlossene Flasche immer wieder einmal geschüttelt wurde, müssen die Blütenköpfe abgeseiht und das Öl ca. 6 Wochen an einem sonnigen Ort aufbewahrt werden. Anschließend sollten Sie das Öl von der wässrigen Schicht abgießen, die sich darunter bildet.

Am besten sammeln Sie die Blüten in der Mittagszeit, wenn die Pflanze in der Hochblüte steht und es länger nicht geregnet hat, und hängen sie zum Trocknen in den Schatten. Nach dem Trocknen schneiden Sie das Kraut sehr fein und übergießen für eine Tasse 1 Teelöffel davon mit kochendem Wasser. Nach 10 Minuten kann man die Pflanzenrückstände abseihen und der Tee ist fertig.

Johanniskraut steigert die Lichtempfindlichkeit. Man sollte sich möglichst während der Zeit der Anwendung nicht stärkerer oder längerer Sonnenbestrahlung aussetzen!

Kamille
– ein entzündungshemmender und wohlschmeckender Tee

Kamille ist eines der bekanntesten und auch in der Klostermedizin üblicherweise verwendeten pflanzlichen Heilmittel. Kamillentee ist nicht nur bei Entzündungen und Beschwerden im Magen- und Darmtrakt zu verwenden, sondern eignet sich ebenso für Auflagen (mit Tee getränkte Tücher) bei äußeren Verletzungen. Die in der Natur zu findende frische, wilde Kamille ist viel wirkstoffhaltiger als herkömmliche Teebeutel. Empfehlenswert ist eine Kräuterteemischung mit Kamille: 1 Teil Rosmarin, 2 Teile Schlüsselblumenblüten und 3 Teile Kamillenblüten mischen und 2 Teelöffel davon mit 250 ml kochendem Wasser übergießen. Nach einer Viertelstunde durch ein Teesieb abgießen. Für ein Kamillendampfbad nehmen Sie 1 kleine Hand voll Kamillenblüten, übergießen sie mit 1 l kochendem Wasser und atmen 10 Minuten lang den Dampf ein. Diese Anwendung ist bei Erkrankungen der Atemwege sehr sinnvoll, weil auf diese Weise die Luftwege erreicht werden, an die man beim Spülen, Gurgeln und Sprühen sonst nicht herankommt. Länger als 3 Wochen sollte Kamille nicht angewendet werden. Auch als tägliches Getränk zum Frühstück ist Kamillentee nicht geeignet!

Knoblauch

nicht nur stark im Geruch, sondern auch in der Wirkung

Zwar ist der Geruch sehr intensiv und die Ausdünstungen durch die Poren machen ihn auch nicht angenehmer, doch kann Knoblauch Infektionskrankheiten bekämpfen, den Cholesterin- und Triglyceridspiegel senken und den Blutdruck regulieren. Die antibakterielle Wirkung des Knoblauchs entfaltet sich in erster Linie in seinem rohen Zustand, hier bewirkt er auch eine Stärkung des Immunsystems. Gekochter Knoblauch, der als Küchengewürz so mancher Speise einen angenehmen, deftigen Geschmack verleiht, kann den Cholesterinspiegel senken und das Blut verdünnen, somit den Blutdruck senken. Zudem reguliert er die Verdauung und wirkt gegen Blähungen. Auch als Hustenmittel hilft Knoblauch am wirksamsten in gekochter Form.

Die Königskerze

hilft bei Heiserkeit

Nicht nur bei Heiserkeit, sondern auch bei Kehlkopfentzündung hilft eine Weinzubereitung, die wesentlich auf der Heilkraft der Königskerze beruht. 2 gestrichene Esslöffel Königskerzen- und 2 gestrichene Esslöffel Fenchelsamen werden in 1 l Likör- oder Südwein abgekocht; die Pflanzenrückstände anschließend abseihen. Sie können den Wein warm in kleinen Schlücken über den ganzen Tag verteilt trinken. Wenn das Mittel innerhalb von 2 Tagen keine Wirkung zeigt, sollte man den Arzt aufsuchen.

Kümmel
– gegen Übelkeit und Erbrechen

Es ist kein Geheimnis, dass Kümmel als Beigabe zu blähenden Kohlgerichten in der Küche schon lange seinen Platz hat – schon Hildegard von Bingen weist darauf hin, dass er als Beigabe zu gekochtem oder gebratenem Käse vor (Magen-)Schmerzen bewahrt.

In der klösterlichen Heilkunde wird aus Kümmel auch noch eine andere Art von Mittel gegen Übelkeit und Erbrechen hergestellt. Dazu benötigt man 10 g Bibernellwurzel-Pulver, das man sich aus der Apotheke besorgt. Zusammen mit 38 g Kümmelpulver, 13 g weißem Pfeffer, 125 g Mehl und 7-8 Eigelb knetet man einen Teig, der nötigenfalls mit etwas Wasser geschmeidig gemacht werden kann. Bei ca. 180 °C werden im Backofen daraus goldgelbe Plätzchen, von denen man im Krankheitsfall mehrmals am Tag eines isst. Mit dem Pulver sollte man zusätzlich täglich eine Schnitte Brot bestreuen und gründlich gekaut essen. Die Dosierung der Plätzchen kann, wenn sich der gewünschte Erfolg einstellt, langsam bis auf den völligen Verzicht reduziert werden. Bei Neigung zu Reiseübelkeit empfiehlt es sich, einige Zeit vorher eine ca. 1- bis 2-wöchige „Kur“ damit zu machen, die bis zum Antritt der Reise abgeschlossen sein sollte.

Bei sehr schwerem Erbrechen mit Begleiterscheinungen wie beispielsweise Fieber sollte man allerdings frühzeitig den Arzt aufsuchen.

Lavendelrauch
gegen Zorn

Wer erinnert sich nicht gern an Urlaubsfotos aus Südfrankreich mit schier endlosen Lavendelfeldern? In zahlreichen Gärten wachsen die hellviolett blühenden Pflanzen, die ein intensives Aroma verströmen. Die Literatur ist seit dem Altertum voll von Beschreibungen der guten und beruhigenden Wirkungen des Lavendels. Auch klösterliche Rezepte weisen immer wieder auf seinen wohltuenden Einfluss hin, gerade bei heftigen emotionalen Stimmungen und entsprechenden Ausbrüchen.

Um eine Räucherung mit Lavendel herzustellen, besorgen Sie etwas Weihrauch (im Devotionalien- oder Kerzengeschäft) und vermischen diesen mit den getrockneten und abgezupften violetten Blüten. Das Ganze geben Sie in einem feuerfesten Gefäß auf ein Stück glühende Kohle und lassen den Rauch langsam durch den Raum ziehen. Weihrauchkohle gibt es als Schnellzündekohle ebenfalls in den einschlägigen Geschäften für Kirchenbedarf.

Leinsamen
– Hilfe bei kleineren Verbrennungen

Jede größere Verbrennung gehört in ärztliche Behandlung. Kleinere Verbrennungen lassen sich jedoch mit einer Pflanze aus der Apotheke Gottes gut heilen und auch die Schmerzen kann man damit lindern: Leinsamen. 3 Teelöffel Leinsamen (ganze Körner) in 500 ml Wasser in einem großen Topf stark abkochen, bis ein schleimiger Sud entsteht. Die Körner sorgfältig abseihen und mit dem noch warmen Sud ein rein leinenes Tuch tränken und auf die betroffene Stelle legen. Diese Auflage kann man mehrfach wiederholen, immer wenn die Auflage trocken oder kalt geworden ist.

Liebstöckel oder „Maggikraut“
– wassertreibend und aromatisch

Liebstöckel eignet sich hervorragend zum Würzen. Als Beigabe zu Gemüsen und deftigen Eintöpfen wird es in keiner Klosterküche fehlen. Das Kraut wird aber nicht nur wegen seines Aromas geschätzt, sondern ein Liebstöckel-Tee hilft bei Verdauungsbeschwerden und Entzündungen der ableitenden Harnwege. Übergießen Sie 2 Teelöffel zerschnittener Wurzel mit 250 ml kaltem Wasser, erhitzen Sie den Sud und seihen Sie die Wurzelstückchen ab. Im Bedarfsfall kann man 2 Tassen täglich davon trinken.

Majorantee
gegen Kopfschmerzen

Was vielen nur als Küchengewürz bekannt ist, hat auch eine heilende Wirkung. Besonders bei Kopfschmerzen, Appetitlosigkeit, Durchfall und Schwindel lindert ein Tee aus Majoran die Beschwerden. 1 Esslöffel geschnittener Majoran wird mit 2 Tassen kochendem Wasser übergossen. Nach einigen Minuten, in denen der Tee zieht, werden die Majoranrückstände abgeseiht. Als Brühe kann 1 Esslöffel geschnittener Majoran mit 2 Tassen Gemüsebrühe angesetzt und getrunken werden Die Therapie sollte nicht längerfristig angewendet werden!

Majoran kann entweder im März im Garten ausgesät werden (Frühbeet) oder Setzlinge werden später im Balkonkasten gepflanzt. Die Pflanze ist sehr kälteempfindlich und muss geschützt werden; sie gedeiht gut an hellen, sonnigen Plätzen.

Meisterwurz
– ein Meister gegen Fieber

Gegen alle möglichen Fieberzustände ist Meisterwurz ein altbewährtes Mittel, das sich leicht in Form eines Fieberweines anwenden lässt. Man nimmt dazu 2 Esslöffel zerstoßene oder zerriebene Meisterwurz und übergießt sie am Abend mit gutem Wein (ca. 500 ml), bis sie völlig bedeckt ist. Am nächsten Morgen gießt man den Rest Wein darüber. Tagsüber vor den Mahlzeiten trinkt man 1 Glas warmen Wein. Dieses Mittel wendet man 3-5 Tage lang an. Der Wein muss jeden Tag neu angesetzt werden! Wenn das Fieber nicht sinkt, ist auf jeden Fall ein Arzt zurate zu ziehen!

Melisse
– nicht nur als bekömmlicher „Schnaps“ von Klosterfrauen ...

Melisse ist als Tee besonders geeignet bei Herz-Kreislauf-Beschwerden, aber auch zur Stärkung der Lebensfreude und zum Lösen von Verkrampfungen – auch bei Kindern. Für den Teeaufguss verwendet man die Blätter der Pflanze, die man vor der Blüte geerntet hat. 2-3 Teelöffel gehackte Melissenblätter gießt man mit 250 ml kochendem Wasser auf, lässt sie 10 Minuten lang ziehen und seiht die Blätter anschließend ab. Man kann 2-3 Tassen täglich davon trinken. Zitronenmelisse ist in der Wirkung etwas weniger stark als ihre große Schwester, doch in der Küche als Gewürz sehr häufig zu verwenden.

Minze
– in vielerlei Hinsicht ein Heilmittel

Schon die alten Ägypter kannten die Minze und wussten um ihre vielfältige Anwendungsweise. Bei schmerzhaften Beschwerden im Magen-Darm-Bereich ist sie innerlich ebenso anzuwenden wie bei Menstruationsbeschwerden oder Koliken. Äußerlich hingegen eignet sie sich zur Heilung von Entzündungen aller Art (auch im Mund- und Rachenbereich) und zur Linderung von Muskel- und Nervenschmerzen.

Hildegard von Bingen beschreibt mehrere Arten von Minze und greift in ihrer Auflistung der pflanzlichen Heilmittel die wirksamsten Arten und die wesentlichsten Indikationen heraus – ein sicherer Hinweis, wie groß die Verbreitung dieser Heilpflanze und wie deutlich spürbar ihre Wirksamkeit war und auch heute noch ist.

Zur Bereitung eines Tees übergießt man pro Tasse 1 gehäuften Esslöffel zerhackte Minzeblätter mit siedendem Wasser und lässt den Tee vor dem Abseihen 10 Minuten ziehen. 2- bis 3-mal täglich kann man davon eine Tasse trinken. Ein ätherisches Öl in unterschiedlicher Konzentration ist in Apotheken erhältlich. Zur Inhalation gibt man 3-4 Tropfen in heißes Wasser. Bei der Anwendung von ätherischen Ölen bei Kleinkindern ist Vorsicht geboten! Chronisch Magenkranke sollten keinen Pfefferminztee zu sich nehmen.

Mutterkrautkur
als Vorbeugung gegen Migräne

Obwohl die Pflanze ziemlich bitter schmeckt, ist sie ein sehr hilfreiches, in der Klostermedizin oft erwähntes Mittel gegen Kopfschmerzen und Migräne. Zur Vorbeugung sollte man ca. 6 Wochen lang jeden Tag 1 Teelöffel frische, zerhackte Blätter vom Mutterkraut oder eine Messerspitze voll Mutterkrautpulver einnehmen und mit Wasser hinterherspülen. Ein weiteres Mittel aus Mutterkraut ist ein Wein (500 ml guter Rotwein), der mit 2 Esslöffeln Honig und 2 Teelöffeln Mutterkrautpulver erhitzt wird, aber nicht kochen darf. In noch warmem Zustand ist er tagsüber schluckweise gegen Kopfschmerz und Migräne einzunehmen. Patienten, die Mittel zur Blutverdünnung einnehmen, dürfen Mutterkraut nicht anwenden, weil Mutterkraut die Blutgerinnung erhöht!

Myrrhe
– heilender Weihrauch

Ein wesentlicher Bestandteil des in der Liturgie verwendeten Weihrauchs ist Myrrhe. Im Aberglauben spielt der Weihrauch eine nicht unerhebliche Rolle; selbst bei Hildegard von Bingen finden wir noch Reste davon, wenn sie beschreibt, dass der Rauch von Myrrhe Dämonen aus dem Körper vertreibt, weil er durch das Einatmen bis in die Eingeweide vordringt. Die Pflanzenmedizin beschreibt hinsichtlich des Weihrauchs zunächst eine desinfizierende und durchblutungsfördernde Wirkung. Aus diesem Grund ist die Anwendung bei Entzündungen im Mund- und Rachenraum empfehlenswert, ebenso wie die Pinselung einzelner entzündeter Hautpartien. Eine entsprechend zu verwendende Tinktur ist in der Apotheke zu beziehen.

Quendel (Feldthymian)

gegen Neurodermitis und Akne

Der Gedanke, der hinter der Heilung von Neurodermitis und Akne von innen nach außen steht, entspricht der ganzheitlichen Heilmethode. Nur weil eine Krankheit jemandem „ins Gesicht geschrieben steht“, muss sie deshalb noch lange nicht von außen geheilt werden. Manche von außen sichtbare Krankheit kommt trotzdem von innen und kann deshalb auch von innen behandelt werden. Besorgen Sie sich in der Apotheke Quendelpulver, das Sie als Gewürz an alle möglichen Speisen geben können. Quendel ist ähnlich wie Gartenthymian zu verwenden: in Lamm- und Gemüsegerichten, aber auch an Fleisch und in Salaten etc. Das Gewürz sollte zur Therapie so oft wie möglich und über einen längeren Zeitraum verwendet werden.

Raute

gegen die Lust ...

Die Raute gelangte im Mittelalter aus dem Mittelmeerraum in die Klostergärten; im Plan des Gartens der Abtei St. Gallen wird sie ausdrücklich erwähnt. Hieronymus Bock empfahl sie noch im 16. Jahrhundert Nonnen und Mönchen zur Unterdrückung wolllüstiger Träume ... Allerdings sind Umschläge mit Raute auch ein äußerst wirksames Mittel gegen Hexenschuss. 1 Teil Petersilie und 4 Teile Raute werden in Olivenöl in der Pfanne gebraten und möglichst heiß auf die betroffene Stelle am Rücken gelegt. Anschließend deckt man das Ganze mit einem Tuch ab und lässt den Umschlag bis zum Erkalten dort liegen.

Das Kraut darf wegen der Steigerung der Lichtempfindlichkeit nur vorsichtig (nicht als Tee, sondern als Umschlag) und niemals von Schwangeren angewendet werden!

Ringelblumensalbe (Calendula)

ist gut für die Haut und vieles mehr ...

Die Ringelblume hat viele für den Körper wohltuende Wirkungen. Als Salbe verwendet, pflegt sie nicht nur die Haut, sondern lindert Prellungen und Zerrungen und kann in manchen Fällen die „Sportsalbe" ersetzen. Aber auch hier gilt: Wenn nicht bald Besserung eintritt, ist der Arzt aufzusuchen? Ein Ringelblumentee oder -wein lockert Krämpfe – selbst bei Vergiftungserscheinungen – behebt Angstzustände und tut selbst bei Schlaflosigkeit oder Husten noch gut.

Eine Salbe aus Ringelblumen stellt man her, indem man 200 g Vaseline erhitzt und zum Schmelzen bringt, dann eine gute Hand voll Ringelblumenblüten hineinrührt und die Masse aufkocht. Vor dem Erkalten seiht man sie durch ein Tuch, um die Blütenrückstände abzufiltern, und füllt die Salbe anschließend in verschließbare Gefäße.

Einen Tee brühen Sie in der gewohnten Weise auf. Pro Tasse werden 1-2 Teelöffel Ringelblumenblüten mit kochendem Wasser überbrüht; 10 Minuten ziehen lassen und den Tee durchsieben. Der Tee besänftigt nicht nur Magen, Leber und Galle, sondern lässt sich auch für Umschläge bei akuten Prellungen und Zerrungen verwenden. Dem Ringelblumentee wird auch eine positive Beeinflussung des Zellwachstums zugesprochen sowie eine wohltuende und krampflösende Wirkung während der Regelblutung. Dazu sollte er eine Woche vor dem vermutlichen Eintritt der Regel regelmäßig getrunken werden. Ringelblumenwein ist besonders hilfreich bei Vergiftungserscheinungen. Dazu nimmt man 3 Esslöffel Ringelblumen und erwärmt sie zusammen mit 1l gutem Wein. Über den Tag verteilt soll man mehrfach schluckweise davon warm trinken. Zusätzlich kann man die Ringelblumen, die beim Tee als „Abfall„ entstanden sind, warm auf den Bauch legen. Ringelblumen können in jedem Garten gedeihen, sind völlig problemlos in der Aufzucht und benötigen selbst in lehmigem Boden allenfalls ausreichend Wasser.

Rosmarin
gegen niedrigen Blutdruck

Der aus der Küche als typisches Gewürz (Lamm, Backkartoffeln etc.) bekannte Rosmarin ist ein wirksames Mittel gegen niedrigen Blutdruck und Kreislaufschwäche.

Für einen Tee übergießt man 1 gehäuften Teelöffel Rosmarinblätter mit 1/4 l heißem Wasser und lässt den Tee vor dem Abseihen 15 Minuten lang ziehen. Einen Rosmarinwein stellen Sie her, indem Sie ca. 15 g Rosmarinblätter in 3/4 l trockenen, leichten Weißwein geben, eine Woche lang beiseite stellen und danach die Rosmarinblätter abseihen. 2-mal täglich kann und darf man davon 1 Gläschen trinken.

Rosmarin sollte nicht während der Schwangerschaft verwendet werden!

Rosskastanien-Lavendel-Einreibung
gegen Schmerzen des Bewegungsapparates

Für diese Einreibung sammeln Sie Rosskastanien, zerkleinern sie und geben sie in ein Gefäß, worin die Rosskastanienstücke mit Isopropylalkohol übergossen werden, sodass sie gut bedeckt sind. Nach 3-4 Wochen, in denen die Flüssigkeit immer wieder einmal durchgeschüttelt wird, können Sie die Pflanzenrückstände abseihen und gut austropfen lassen. Für 200 ml Extrakt muss man mindestens 300 ml Alkohol als Ansatz verwenden. Der Ansatz wird für eine Einreibung mit 20 ml Lavendelöl und 10 ml Glyzerin vermischt. Die Einreibung hilft bei allen Schmerzen im Bewegungsapparat, bei Quetschungen und Blutergüssen. Sie muss allerdings öfter wiederholt werden. Bei Quetschungen am Finger sollte man den Finger sofort in die Tinktur halten und warten, bis der Schmerz vorüber ist. So können Sie einen Bluterguss verhindern. Rosskastanienpräparate gibt es auch fertig in der Apotheke zu kaufen.

Salbei
– lindert Entzündungen, hilft bei Husten

Bei Halsentzündungen und Husten werden gerne Salbeibonbons gelutscht, die nicht nur gut schmecken, sondern auch die Symptome lindern. Als Kraut aus dem Klostergarten gibt es zwei Möglichkeiten, Salbei hilfreich zu verarbeiten. Einen schmackhaften Tee können Sie zubereiten, indem Sie 1 gehäuften Teelöffel geschnittenen Salbei und 1 Teelöffel geschnittene Kamille mit 250 ml kochendem Wasser überbrühen, 10 Minuten ziehen lassen und anschließend den Tee durch ein Sieb gießen. Mehr als 2-3 Tassen sollte man allerdings pro Tag nicht davon trinken!

Im Reformhaus oder in der Apotheke gibt es auch Salbeisaft beziehungsweise -dragees zu kaufen, die man in Maßen gegen nächtliches Schwitzen und bei Neigung zu übertriebenem Transpirieren anwenden kann.

Ein herzhaftes, kleines Salbeigebäck, das ebenfalls gut gegen Schwitzen, aber auch zum Abstillen ist, stellen Sie her, indem Sie die Salbeiblätter waschen und trockentupfen, einen Bierteig aus 4 Esslöffeln Dinkelmehl, 1 Ei und 3 Esslöffeln Bier herstellen, dann die Blätter am Stiel anfassen, im Teig wenden und anschließend in heißem Fett ausbacken („Salbei-Mäuschen“).

Selleriesamen
hilft bei Rheumaschmerzen

Als eines der wirksamsten klösterlichen Heilmittel, das schon bei Hildegard von Bingen eine erhebliche Rolle spielt, hat sich bei Gelenk- und Rheumaschmerzen sowie bei Gichtanfällen eine Mixtur aus verschiedenen Heilpflanzen erwiesen, bei der Selleriesamen eine wichtige Rolle spielen. Lassen Sie in der Apotheke mischen: 60 g Selleriesamen, 20 g Raute, 15 g Muskatnuss, 10 g Nelken, 5 g Steinbrechkraut. Je nach Grad der Schmerzen nehmen Sie bis zu 3 Teelöffel des Rheumapulvers pro Tag, möglichst vor dem Frühstück. Wenn das Pulver wegen des Selleriesamens zu bitter ist, kann man es auch auf einem Marmeladenbrot zu sich nehmen. Dazu bietet sich Quittenmarmelade besonders an, weil sie zusätzlich heilende Substanzen enthält.

7-Kräuter-Pulver
zur Krankheitsvorbeugung und Stärkung des Immunsystems

In Anlehnung an das von Bertrand Heidelberger überlieferte „7-Kräuter-Erbe“ mit Kümmel, Fenchel, Anis, Wacholder, Wermut, Bibernelle und Schafgarbe ist folgende Mischung zur Vorbeugung gegen Krankheiten nach langer klösterlicher Erfahrung zu empfehlen: Besorgen Sie sich (pulverisiert aus der Apotheke): 25 g Kümmel, 25 g Fenchel, 25 g Anis, 25 g Wacholder, 25 g Wermut, 25 g Schafgarbe und 10 g Bibernellwurzel. Vermischen Sie die pulverisierten Zutaten und lassen Sie morgens und abends eine Prise davon auf der Zunge zergehen. Auch nach schwer verträglichen Speisen empfiehlt sich die Einnahme – eventuell mit einem Schluck Wasser. Das Pulver schmeckt zwar bitter, ist aber sehr hilfreich.

Thymian
bei Husten ein hilfreicher Tee

Thymian wirkt nicht nur schleim-, sondern auch krampflösend und eignet sich deshalb ganz ausgezeichnet als Hustenmittel. Um einen Tee aufzubrühen, gibt man 1 Teelöffel Thymian (frisch gehackt oder getrocknet) in ein Teesieb, hängt es in eine Tasse, gießt kochendes Wasser dazu und lässt den Tee 10 Minuten ziehen. Dann nimmt man das Teesieb heraus. Dieser Tee kann mehrmals täglich frisch zubereitet getrunken werden.

Wacholderbeeren

gegen Lungenleiden und Darmentzündungen

Seit langem schon gilt der Wacholderstrauch mit seinen violetten Beeren als das Heilmittel schlechthin. In Zeiten der Pest stellte man Räucherfässer auf, in denen zum Schutz gegen die Pest die desinfizierenden Wacholderbeeren verbrannt wurden. Auch heute können Sie sich die heilende Kraft dieser Beeren zu Nutze machen, entweder durch Zubereitung eines Tees oder bei Erkrankungen der Atmungsorgane durch Inhalation mit Wacholderöl. Für den Tee überbrühen Sie 1 Teelöffel zerquetschte Wacholderbeeren mit 250 ml kochendem Wasser, lassen den Tee 8-10 Minuten ziehen und seihen die Beeren ab. Wacholderöl (ätherisches Öl) kann man in der Apotheke kaufen und damit Inhalationen über heißem Wasser durchführen. Die Anwendung mit Wacholderbeeren sollte man nicht übertreiben, weil sie die Nieren reizen können! Schwangere und Patienten, die unter Eiweiß im Urin und Harnwegsinfektion leiden, sollten Wacholder nicht anwenden.

Wegerich

– Hilfe bei Insektenstichen

Besonders im Sommer kommt es häufiger vor, dass Mücken, Bremsen oder sogar Wespen zustechen und anschließend rote, geschwollene und juckende Quaddeln hinterlassen. Die klösterliche Lebensart sieht in der Regel vor, dass große Teile des Tages an der frischen Luft, im Garten oder bei der Arbeit in der Landwirtschaft verbracht werden. So schön und gesund diese Arbeit auch ist, so quälend können dabei Insektenstiche sein. Ein altes Hausmittel aus dem Kräutergarten ist Breitwegerich oder Spitzwegerich.

Man zerquetscht die gesäuberten Blätter zu einem Brei und legt ihn auf die betroffene Hautstelle. Innerhalb kurzer Zeit tritt Linderung ein. Im Sommer findet man den Wegerich nicht selten am Wegrand. Es ist ein Leichtes, die Blätter auszupressen und die Stich- oder Bisswunde damit zu versorgen. Sind Schwellung und Juckreiz stark, so kann man die Einreibung mit dem Saft des Wegerichs mehrfach wiederholen. Für längere Reisen kann man Wegerichsaft zu einer haltbaren Tinktur verarbeiten und mitnehmen. Dazu nimmt man Wegerichblätter, zerschneidet sie grob, presst die Blätter aus (Knoblauchpresse oder Ähnliches) und vermischt den Saft mit der gleichen Menge (1:1) reinen Alkohols. In einem verschließbaren Fläschchen, das man in jeder beliebigen Größe in der Apotheke bekommt, ist Wegerichtinktur ein nützlicher Bestandteil der Reiseapotheke. Vorsicht ist geboten bei allergischen Reaktionen auf Insektenstiche sowie bei Stichen im Mund- und Rachenraum!

Zwiebel
gegen Halsschmerzen

Die Zwiebel spielt in der Naturheilkunde eine große Rolle als nerven- und kreislaufstärkendes Mittel, als Schleimlöser bei Erkältungskrankheiten und als Hustensaft. Zwiebelmilch lässt sich leicht herstellen: Man schneidet 3 große Zwiebeln klein, gibt sie in einen Tontopf, fügt 1 Gewürznelke, 1 Zweig frischen Thymian und 1 Teelöffel braunen Zucker hinzu und füllt so viel Wasser dazu, bis alles bedeckt ist. Bei schwacher Hitze muss nun alles ca. 2 Stunden köcheln. Dann gießt man die Flüssigkeit durch ein Leinentuch und presst es gut aus. 1:1 mit heißer Vollmilch vermischt, ist die Zwiebelmilch ein bewährtes Mittel bei Husten und Beschwerden im Hals- und Rachenraum. Einen Hustensaft aus Zwiebeln stellt man her, indem man rohe, geschnittene Zwiebeln für ca. 10 Stunden im Verhältnis 1:1 mit Honig in ein Glas füllt und fest verschließt. Die Zwiebeln seiht man ab und kann den Honig als Hustensaft verwenden.

Die innere Stille wieder finden

Sie ist in aller Munde, die Rede von der „hektischen Zeit“, in der wir uns befinden. „Schnelllebigkeit“ ist ein weiteres Schlagwort, welches immer wieder zu lesen und zu hören ist. Zufrieden ist man mit dem, was sich hinter diesen Beschreibungen verbirgt, offensichtlich nicht. Man spürt, dass einem Lebensalltag, der nur durch Termine, Hektik, „Freizeitstress“ und „multimediale Berieselung“ bestimmt ist, etwas Wichtiges fehlt. Festmachen kann man dieses Unbehagen an dem wohl bei jedem Menschen immer wieder einmal auftretenden Gefühl des Drangs nach Stille, ausgedrückt in Sätzen wie: „Ich will jetzt einfach meine Ruhe haben!“ oder „Ich bin reif für die Insel!“ Dieses Gefühl, diese innere Überzeugung führt uns an einen zentralen Punkt unserer menschlichen Wirklichkeit, die manchmal übersehen wird: Der Mensch braucht für sein Wohlbefinden zwingend Entspannung und Erholung; ohne sie wird er krank, körperlich wie seelisch. Warnzeichen wie Gereiztheit, Aggressivität, das Gefühl von Überlastung und Überanstrengung, fehlende Konzentrationsfähigkeit und vieles andere mehr zeigen uns an, dass wir „Raubbau“ mit uns selbst betreiben. Wir brauchen offenkundig „Aus-Zeiten“ oder, wie man ebenso sagen kann, „Mußestunden“, und diese auch außerhalb des Jahresurlaubs. So manch einer wird einwenden, dass dies wohl leichter gesagt als getan ist, weil sich die gesellschaftliche und wirtschaftliche Realität anders darstellt. Aber gerade deshalb scheint es in der heutigen Lebenswelt umso dringlicher zu sein, sich solche Räume der Erholung und Entspannung zu schaffen, um einerseits den Herausforderungen des Alltags begegnen zu können und dabei andererseits nicht selbst als Mensch mit seinen zentralen Bedürfnissen auf der Strecke zu bleiben.

Der Sinn des Lebens

Zu diesen zentralen Bedürfnissen des Menschen gehört auch die Annäherung an die Frage nach dem „tieferen Sinn meines Lebens“. Diese Frage aus den Augen und damit aus dem Handeln zu verlieren bedeutet häufig eine stark empfundene „Sinn-Leere“ des Menschen, die mit umfassender Unzufriedenheit, mit Selbstwertverlust bis hin zu psychischen Erkrankungen einhergehen kann. Ärzte und Psychologen, aber auch Seelsorger begegnen immer häufiger Menschen, die unter den angesprochenen Problemen leiden.

Für Hildegard von Bingen war es keine Frage, dass das körperliche Wohlergehen mit einer „heilen Seele" zusammengehen muss. Der Zusammenhang von Mikro- und Makrokosmos ist für sie noch sehr eng und ihre weltlichen „Gesundheitslehren" stehen in einem engen Verhältnis zum ewigen Heil der Erlösung. Das irdische Heil ist für sie dem ewigen Heil untergeordnet. Das geht weit über das hinaus, was heute gemeinhin unter Psychosomatik verstanden wird.

Die Frage nach dem Sinn des Lebens und damit nach dem Wert meiner Person – diese beiden Fragen gehören eng zusammen – erhält insbesondere dort eine neue Dimension, wo durch Arbeitslosigkeit, Ruhestand oder einen die Person nicht erfüllenden „Job" eine wichtige Komponente in der Persönlichkeitsbeschreibung fehlt. Man hört in diesem Zusammenhang nicht selten den Satz: „Ich bin nichts mehr wert, weil ich nichts mehr tun kann!"

Aber auch bei denjenigen, die einem sehr anspannenden Beruf nachgehen, ist die Frage nach dem Wert der Person beziehungsweise dem Sinn des eigenen Daseins nicht einfachhin geklärt, denn auch hier stellt sich die Frage, ob denn der Beruf, der Erfolg „alles" sei.

In diesem Zusammenhang sei nur darauf hingewiesen, wie mit Misserfolg, mit Fehlern umgegangen wird. Setzt sich mein Lebenssinn, mein Wert nämlich nur aus meinen Erfolgen zusammen, dann werde ich als Person immer dann grundsätzlich in Frage gestellt, wenn im Beruf etwas schief läuft, wenn ich Misserfolg oder Kritik hinnehmen muss. Um diesem möglichen Desaster zu entgehen, sehen manche Zeitgenossen nur die Möglichkeit, noch mehr zu arbeiten, sich noch intensiver zu engagieren, sich den Applaus von anderer Seite zu holen. Die Schraube der Hektik, der Rastlosigkeit dreht sich so weiter nach oben, und das Spiel geht von vorne los. Ein Blick in die Regale der Buchhandlungen im Fachbereich „Esoterik" bestätigt diese Beobachtung, denn dort findet sich eine Fülle von Büchern, die sich mit diesen Fragestellungen und dem Suchen nach Auswegen beschäftigen.

Aus der Sicht der Religionen – und hier kann man quer durch die Religionsgeschichte gehen – beantwortet sich die Frage nach dem Sinn des Lebens, dem Wert der eigenen Person in der Begegnung mit der beziehungsweise den jeweils verehrten Gottheiten oder Göttern. In der jüdisch-christlichen Tradition steht hier die Aussage im Vordergrund, in der der Mensch als Ebenbild Gottes beschrieben wird (vgl. Gen 1,26). Gemeint ist damit, dass der Mensch seinen Wert und seinen Sinn aus der Tatsache der Schöpfung durch Gott erhält, ohne eine Vorleistung erbracht zu haben beziehungsweise erbringen zu müssen. Der Mensch ist an sich wertvoll; der einzelne Mensch ist als Individuum wichtig und grundsätzlich von Gott akzeptiert und ausdrücklich bejaht.

In einem weiteren sich daraus ergebenden Punkt sind sich nahezu alle Religionen grundsätzlich einig: Um dies existenziell zu erfahren, muss man dem Göttlichen begegnen. Für diese Begegnung bedarf es notwendig der Stille und des Schweigens.

Dazu einige Beispiele aus der geistlichen Praxis verschiedener Religionen: Wie in der jüdischen Religion das Schweigen „im Angesicht Gottes" bekannt ist und gepflegt wird, so verharrt der islamische Beter – so die Tradition des Islam – immer wieder in „ehrfürchtigem Schweigen". Die orthodoxen Christen begehen, wie sie es sagen, ein „feierliches Schweigen", „um Gott das Wort zu geben". In einer solchen Tradition des ehrfürchtigen, feierlichen Schweigens steht auch das abendländische Mönchtum, in dem das Schweigen im Lauf des Tages äußerst bedeutsam ist. Hier spielt die Regel des Benedikt von Nursia eine zentrale Rolle. Aber auch andere geistliche Lehrer des Abendlandes wie Theresia von Ávila, Ignatius von Loyola, Johannes vom Kreuz und viele andere unterstreichen die Notwendigkeit des Schweigens und der Stille, um mit Gott und damit mit sich selbst im Innersten in Berührung zu kommen. Auch der Hinduismus und vor allem der Buddhismus kennen in ihren religiösen Traditionen die schweigende Versenkung und praktizieren diese in ihrem geistlichem Leben sehr intensiv. Man erinnere sich nur an die in den Medien immer wieder vorgestellten buddhistischen Mönche und ihre Lebensweise.

In den letzten Jahrzehnten hat es sehr gelungene Verbindungen zwischen den geistlichen Traditionen verschiedener Religionen gegeben, in denen gute Elemente der einen Tradition für die andere nützlich gemacht wurden und von denen auch wir im Alltag profitieren können. So kann zum Beispiel die Einladung des Ostens zu schweigender Versenkung von christlicher Seite im Abendland mitbedacht und umgesetzt werden. Hier sei auf Bücher von H. M.

Enomiya-Lassalle verwiesen, der die buddhistische Zen-Meditation für christlich geprägte Menschen fruchtbar macht, ohne den christlichen Glauben aufzugeben.

Es ist also offensichtlich eine durch die gesamte Geschichte und über den gesamten Erdball einhellig gemachte Erfahrung der Menschen, die sich insbesondere in den Religionen ausdrückt, dass der Mensch die Stille, das Schweigen benötigt, um zu sich selbst zu kommen, um ganzheitlich gesund zu leben. Ebenso, so haben wir eingangs gesehen, fordert die heutige Lebenssituation mit ihrer weithin großen Anspannung nach Zeiten der Stille, des Rückzugs, der Muße im umfassenden Sinne. Wir sehen also, dass von mehreren Seiten aus Zeiten der Stille als hilfreich, sogar notwendig angesehen werden.

Dieses Grundwissen, das in der Alltagswelt vielerorts verloren gegangen zu sein scheint, ist in den Klöstern, gleich welcher Religion, tradiert und gelebt worden. So auch in den spirituellen Traditionen des christlichen Abendlandes, wo Stille und Schweigen im Tagesablauf der Klöster – mehr oder minder ausgeprägt – eine besondere Rolle spielen. Aus diesen Erfahrungen, die über Jahrhunderte hinweg praktiziert und immer wieder neuen Situationen angepasst wurden, können wir alle praktischen Nutzen ziehen, um in unserem Alltag notwendige Zeiten der Stille als Raum der Entspannung und Erholung zu finden beziehungsweise zu schaffen, damit eine vielleicht verloren gegangene innere Stille und Ausgeglichenheit zurückkehren kann.

Die geistliche Tradition des Abendlandes kennt verschiedene Formen des bewussten Schweigens und der Stille. Neben den täglichen Zeiten des „Stillschweigens" sind ganze Tage oder auch mehrere Tage des Schweigens als Zeiten der Ruhe, der Sammlung, der Lebensrevision bekannt und werden in verschiedenen Variationen praktiziert. In den nächsten Abschnitten werden einige Formen dieses Stillschweigens vorgestellt, und es wird nach Möglichkeiten gefragt, wie diese klösterlichen Traditionen im nicht klösterlichen Alltag Gewinn bringend umgesetzt werden können. Vorab sei darauf hingewiesen, dass hier nur ein kleiner Ausschnitt dessen vorgestellt werden kann, was es an Traditionen und Formen gibt. Bei manchen Traditionen können wir hier nur die Grundformen betrachten, die dann individuell in vielfacher Weise ausgebaut und in Schwerpunkten vertieft werden können.

Meditationsübungen und Exerzitien

„Die Tage in ihrer Gleichförmigkeit gingen mit mir durch die Zeit; der Rhythmus von Morgen, Mittag und Abend wurde nur unterbrochen, wenn Pater Benno mich zu einem Spaziergang einlud oder die Glocke zum Gebet rief. Ein innerer Frieden hatte mich erreicht, mit dem ich voll Zuversicht auf die Tage blicken konnte, die mich draußen im Alltag erwarteten."

Meditation

Der Begriff Meditation hat oftmals im landläufigen Verständnis eine Nuance, die von vielen Zeitgenossen belächelt wird. Schnell kommen folgende oder ähnliche Bilder hoch: auf den Straßen tanzende Sektenmitglieder mit kahl geschorenem Kopf, „Om" singende Massen, die einem mehr oder weniger ausbeutenden Meister folgen, der letztlich nur hinter dem Geld der Leute her ist oder sie sogar in den organisierten Massenselbstmord treibt. Ebenso wird Meditation vorschnell mit der buddhistischen Form des Gebetes gleichgesetzt, wobei dies nur eine Form möglicher Meditation darstellt; nebenbei bemerkt, kennt auch die buddhistische Tradition verschiedenste Ausformungen dieser religiösen Praxis.

Grundsätzlich ist das Ziel der Meditation, sich in der Stille Gott und sich selbst zu nähern, um von hier aus Kraft für den Alltag zu bekommen. Meditation hat nämlich nicht den Sinn, sich vom Alltag, der „Welt" zu entfremden. Um dieses Ziel zu erreichen, bedienen sich die traditionelle und die neue Praxis verschiedener Übungen und Hilfsmittel. Dadurch können in der Meditation verschiedenste Situationen und Vorlieben der einzelnen Meditierenden Widerhall finden. Denn nicht jeder Mensch kann mit allen Formen der Meditation etwas anfangen, und deshalb ist es gut und wichtig, seinen eigenen

Zugang und seine eigene Form zu finden. Einige Grundelemente sind jedoch allgemein zu beachten:

- **Wahl von Ort und Zeit:** Um zu einer inneren Stille kommen zu können, um meditieren zu können, bedarf es eines angemessenen Ortes und einer angemessenen Zeit. Man muss sich einen Ort suchen, der möglichst wenig Ablenkendes enthält. Der Versuch einer Meditation am Schreibtisch, auf dem noch ein Berg zu erledigender Arbeit liegt, ist zum Scheitern verurteilt. Oft ist es sogar am einfachsten, einen Ort innerhalb oder außerhalb der eigenen Wohnung aufzusuchen, an dem man kaum oder gar nicht abgelenkt wird. Zur Ablenkung gehören auch das Telefon oder die Türschelle. Schalten Sie wenn möglich die Klingel und das Telefon ab oder leise beziehungsweise lassen Sie den Anrufbeantworter laufen. In diesem Zusammenhang wird deutlich, dass auch die Planung der Zeit von Bedeutung ist. Sie sollten eine Zeit der Stille, der Meditation nicht dann einplanen, wenn Sie mit Besuch rechnen oder wissen, dass in der Regel häufig Störungen zu erwarten sind. Auch ist es nicht gut, Randzeiten zu anderen Terminen zu nehmen, sodass Sie insgeheim gefordert sind, ständig auf die Uhr zu schauen oder auf ein Signal zu hören, zum Beispiel dass es an der Tür klingelt, weil Sie gleich abgeholt werden.

- **„Ankommen in der Stille“:** Es ist nicht immer leicht, aus der Hektik und der Anspannung des Alltags heraus einfach mit der Stille zu beginnen. Nicht selten kreisen einem die Gedanken des Tages, Probleme und Erlebnisse – ganz gleich, ob negative oder positive – durch den Kopf. „Abschalten per Knopfdruck“ ist für die meisten Menschen kaum realisierbar, jedenfalls nicht, wenn sie beginnen, sich in Meditation zu üben. Deshalb ist es wichtig, dass man bewusst an dem Ort der Stille ankommt. Das gelingt dann, wenn Sie zunächst alle Störfaktoren (siehe oben!) ausgeschaltet haben und sich dann bewusst hinsetzen. Sitzen Sie bequem und aufrecht. Atmen Sie bewusst. Spüren Sie dem Einatmen und Ausatmen genau nach. Atmen Sie tief und langsam. Das bewusste Nachspüren der Atembewegung hilft, Gedanken und Ereignisse des Tages loszulassen. Halten Sie aufkommende Gedanken nicht fest, lassen Sie sie ziehen, wie sie kommen, aber versuchen Sie, sich zunächst nicht an ihnen festzuhalten. Es hat keinen Sinn, krampfhaft zu versuchen, an nichts zu denken. Hier laufen Sie Gefahr, so stark „an nichts denken zu wollen", dass Sie ebenfalls nicht frei werden. In diesem Zusammenhang muss man darauf hinweisen, dass dieses Loslassen der Gedanken nicht sofort und jedes Mal gleich gut funktioniert. Wenn Sie sich wieder einmal an Gedanken oder Ereignissen „festgebissen" haben, spüren Sie erneut bewusst dem Atem nach. Sie werden merken, dass sich immer mehr eine innere Stille und Ruhe einstellt.

- **Die eigentliche Meditation erfolgt dann, nachdem Sie zur Ruhe gekommen sind.** Diese können Sie sehr unterschiedlich mit Inhalt füllen oder auch ohne konkreten Inhalt lassen, das heißt, Sie bleiben einfach in der absichtslosen, zweckfreien Stille. Gerade die letzte Übung, das Einfach-"nur"-da-Sein im Nachspüren des Atems und im Loslassen der Gedanken kann sehr gut tun, wenn man gewöhnt ist, immer etwas leisten zu müssen. Es besteht dann schnell die Gefahr, diese Grundhaltung auch auf das Meditieren und die Stille-Zeit zu übertragen, die dann vor dem geistigen Auge auch ein „Ergebnis" haben muss; aber gerade das soll ja nicht das eigentliche Ziel sein. Weiter unten werden verschiedene Gestaltungsmöglichkeiten vorgestellt und erläutert.

- **Das Beenden der Meditation.** Ebenso wie man am Ort der Stille, der Meditation angekommen ist, so sollte man ihn auch verlassen: bewusst. Stehen Sie nicht einfach auf, wenn Sie „fertig" sind. Beschließen Sie die Zeit; kehren Sie zurück in den Alltag, langsam. Sammeln Sie noch einmal kurz die Gedanken – das, was Sie betrachtet, bedacht haben. In der geistlichen Tradition endet die Meditation mit einem Gebet, einer Danksagung an Gott oder einer abschließenden Bitte.

Formen der Meditation

Es gibt sehr vielfältige Möglichkeiten, die Meditation inhaltlich zu gestalten. Hierbei kommt es wesentlich darauf an, welchen Zugang ein Mensch für sich selbst bevorzugt und als hilfreich erfährt.

- **Textmeditation:** Bei dieser Form steht ein Text im Mittelpunkt der Betrachtung. Dies kann ein religiöser Text sein wie ein Bibeltext, ein Text eines geistlichen Schriftstellers oder ein beliebiger Meditationstext, der Sie besonders anspricht. Ebenso kann auch ein Gedicht im Mittelpunkt der Meditation stehen. Bei der Textmeditation kommt es darauf an, den Text erst einmal ganz zu lesen, und zwar langsam. Gibt es eine Textstelle, die auf Sie und Ihre Situation zutrifft, die Sie herausfordert, unruhig macht? Verweilen Sie bei ihr, lassen Sie sich von ihr ansprechen, reflektieren Sie sie. Stellen Sie gedanklich und emotional eine Verbindung zwischen Ihnen und dem Text her. Legen Sie dabei den Text immer wieder beiseite. Lesen Sie nicht ständig. Sie können den Text durchaus mehrere Tage hintereinander meditieren. Sie können auch Meditationsmusik dazu hören.

Die Pforten des Klostergartens stehen offen.
Der Duft von frischem Grün und saftigen Kräutern steigt mir in die Sinne.
Stille und Geborgenheit.

Langsam,
ganz langsam entferne ich mich aus der Hektik und Unruhe.
Feierliche Klänge wehen durch den Garten
und von fern dringt leise Musik zu mir.
Der Choral der Mönche schwebt zwischen den Bäumen,
und die Melodien der Flöten glitzern wie Sonnenlicht.
Meine Gedanken kommen zu mir,
ich sehe, wie das Karussell sich immer langsamer dreht,
und steht.
Die Spannung lässt nach.

Ich schreite abseits und gehe ruhig
– Schritt für Schritt – dem Licht entgegen.
Die kiesbestreuten Wege führen mich an Blumen vorbei,
die Klostermauern geben Schatten den üppigen Stauden.
Ruhe und Geborgenheit finde ich in den Armen der Stille.
Die lauten Geräusche des Alltags werden leise,
die schnellen Bewegungen werden fließend,
die grellen Farben werden blasser und beginnen von innen zu leuchten.

Kräuter lässt die Erde für meine Gesundheit wachsen,
kleine grüne Blätter,
braune, kräftige Stängel tragen üppige Früchte.
Ihr Saft gibt Kraft und Stärke.
Ihr Duft erfrischt und belebt.

Hier im Klostergarten lebe ich auf;
hier finde ich Heilung.
Zarter Blütenduft regt die Sinne an
und beruhigt meine Seele.
Hohe Bäume neben uralten Mauern geben Schatten und Kühlung.
Ihr bergender Schoß schenkt dem Geist Geborgenheit.

Der helle Sonnenstrahl liegt auf dem frischen Grün der Äste.
Das Rauschen der Blätter umhüllt mich,
wie ein Mantel legt es sich um meinen Körper.
Sanfte Choräle ergreifen meine Ohren,
der Klang der Instrumente spielt mit dem Brunnen in der Mitte des Gartens.

Ich komme zur Ruhe.
Entspannung durchflutet meinen Leib.

Die warmen Flecken von beschienenem Moos laden zum Verweilen ein.
Der Duft der aufgebrochenen Erde führt zurück an meinen Ursprung.
Dunst weicht den klaren Konturen, die Schemen der Trauer werden heller.

Dieser Garten gibt meiner Seele Zuversicht, hier im Kloster spüre ich das Zentrum meiner Kraft.

Gerade Linien weisen mir den Weg.
Das Labyrinth enthüllt mir seine Mitte,
von innen heraus kann ich leben.

Meine Stärke ist tief in mir verborgen.
Aufrecht und offen stehe ich in der Welt,
weit und geöffnet kann ich empfangen und schenken.
Die Natur ist mir Hilfe.
Wie ein Baum,
farbig und schön;
wie eine Blume,
duftend und hell –
mein Platz in der Mitte des Klostergartens.

◆ **Bildmeditation:** Der Umgang mit Bildern spricht viele Kräfte in uns an. Man kann von Bildern ergriffen sein, da sie in der Lage sind, uns in der Tiefe zu bewegen.

Bei der Wahl der Bilder ist wesentlich darauf zu achten, dass sie nicht zu kitschig sind und so an der Oberfläche bleiben. Ebenso ist auch nicht die unter kunsthistorischen und kunstwissenschaftlichen Gesichtspunkten zu beurteilende Genialität der Werke ausschlaggebend, da es bei der Meditation schließlich nicht um eine rationale Analyse des Bildes geht. Am besten eignen sich Bilder, die selber aus der Haltung der Meditation entstanden sind, wie zum Beispiel die Miniaturen des Mittelalters, die Ikonen aus den vielfältigen Traditionen der Ostkirchen, aber auch Werke zahlreicher modernerer Künstler wie beispielsweise Marc Chagall oder Siger Köder.

Ähnlich wie bei der Textmeditation sollen Sie sich ansprechen lassen von der Gestaltung, von Symbolen, Farben, Gestaltungselementen. Betrachten Sie das Bild, das am besten vor Ihnen liegt oder steht, als ganzes Bild und in Details. Auch hier können Sie an Einzelelementen „hängen bleiben“ und diese intensiver betrachten und mit sich in Beziehung bringen.

◆ **Musikmeditation:** Zwischen Musik und Meditation besteht eine grundlegende enge Verbindung, denn Komponist, Künstler und Interpret verankern ihr Tun meistens in der Quelle der Meditation, in der sie die Tiefe ihrer Inspi-

ration finden. In diese Tiefe möchte andererseits die Hörerin, der Hörer dieser Musik gelangen, wenn mit ihr meditiert wird. Musik findet ihre Wurzeln, wie Kunst überhaupt, ja in den Tiefen, wo alles Machen und Habenwollen aufhört. Sie wird nicht selten als eine „höhere Offenbarung" angesehen. Hildegard von Bingen bezeichnete Musik als eine besondere Gabe Gottes auf dem Heilsweg. Nicht wenige Klöster pflegen gerade ihre musikalischen Traditionen, sowohl den gregorianischen Gesang als auch eine tief empfundene, entspannende Instrumentalmusik. Musik verbindet darüber hinaus über Sprachgrenzen hinweg.

Die Aussage, dass Musik das Innere meiner Person bewegen kann, dass sie Stimmungen auslöst oder unterstützen kann, findet ihre vielfache Bestätigung in der persönlichen Erfahrung der Menschen. Musik regt an, sich in eine innere Welt zu versenken – jedenfalls ein großer Bereich der Musik. Dass es auch Musik gibt, die genau das gegenteilige Ziel verfolgt, sei nur der Vollständigkeit halber gesagt, ist aber für unseren Zusammenhang nicht von Bedeutung.

Damit Musik zum „Sprechen" kommen kann, muss zum Hören wesentlich auch das Schweigen kommen, denn nur im Schweigen sind wir in der Lage, wirklich zu hören, das heißt, eine erwartungsbereite Offenheit zu schaffen, in der die Musik in uns eindringen und wirken kann. Das Schweigen versetzt die Hörerin, den Hörer in die Lage, sich den melodischen Schwingungen zu öffnen, sie zu „er-leben". Einen weiteren Schritt im „Er-leben" von Musik bildet das wiederholende Hören. Im immer neuen Sich-Aussetzen wird die Musik immer intensiver erlebbar, sie durchdringt mehr und mehr das Innere. Durch das Sich-Einlassen auf Musik kann der Prozess unterstützt werden, durch den es gelingt, wirklich abzuschalten, sich auf sich selbst in seiner eigenen Tiefe einzulassen.

Für die Meditation ist vor allem religiöse Musik geeignet. Prinzipiell kann jedoch jede Musik für die Meditation benutzt werden, die der Entspannung, der Ruhe dient.

◆ **Mandala:** Durch ritualisiertes Malen kann man auch die eigene Mitte wieder finden. Viele Räume, die wir kennen, haben eine ganz eindeutige Mitte, kennen die Orientierung an einem Punkt, der als der innerste bezeichnet werden kann. Alle Religionen haben solch eine Mitte, an die sie sich halten und die sie in ihren Ritualen umkreisen. Es ist das Grundmuster des Tanzes, der Prozession, des Stehens und Gehens im rituellen, sakralen Raum. Die Zen-Mönche erheben so schlichte Handlungen wie Gehen, Stehen oder Sich-Beugen zum Ritual, zu einer bewussten Stütze auf ihrem Weg. Auch das Christentum kennt solche Rituale, die auf die Mitte hinführen und den Weg begleiten wollen.

Mandalas können eine Möglichkeit sein, sich bewusst in einer Aus-Zeit auf den Weg zur eigenen Mitte zu machen und im Malen die archetypischen Grundmuster des Lebens wieder zu entdecken. Im Ausmalen der Vorlagen geht es um mehr als um das hübsche Gestalten oder das korrekte Ausfüllen. Es geht darum, im Teil das Ganze zu entdecken und durch die einzelnen kleinen Stücke sich dieses Ganze zu erschließen, sich auf den Weg zur Mitte zu machen und sie schließlich neu zu entdecken. Das Umkreisen des Punktes, der ganz innen liegt, ist ein Grundmuster, das unser Leben durchzieht; letztlich ist jedes menschliche Handeln von diesem Streben bestimmt. Wenn Sie das Leben als Ritual begreifen, als Kult, der seinen Ausdruck im Weghaften, im Umkreisenden findet, kann ein Mandala ein ewig gültiges Urmuster des Tuns darstellen. Das Wesen des Lebens ist Bewegung, das der Mitte ist die Ruhe. Alles Handeln ist die Sehnsucht nach Erlösung, nach Ruhe. Das Leben in der Welt ist wie ein Kreislauf, der näher oder weiter entfernt von der inneren Mitte stattfindet.

Es ist keine Weltflucht, sich das eine oder andere Mal mit dem Malen, dem meditativen Ausmalen zu beschäftigen. Oft werden wir uns in der Auseinandersetzung mit allem Materiellen der inneren Ruhe, der transzendenten Mitte neu bewusst. Mandalas können helfen, in den vorgegebenen Formen, die Sie nachvollziehen, die Gesetze unseres Handelns deutlich zu erkennen und damit umzugehen.

Klostergärten sind oft wie ein Mandala, wie ein Labyrinth um die Mitte angelegt. Die Grundrisse zeigen nicht selten, wie die Pflanzen um eine scheinbar unsichtbare Mitte herum angeordnet sind. Und nicht zuletzt die Pflanzen selbst: Besonders deutlich wird es an den Kohlsorten, an Zwiebeln und an Salat, die alle von innen heraus gewachsen sind.

◆ **Existenzmeditation:** Wie der Name schon sagt, geht es in dieser Form der Meditation darum, sich nicht nur durch Texte oder Musik ansprechen und entspannen zu lassen, sondern in einem weiteren Schritt, eventuell mit Hilfe von Texten, Bildern und Musik, die Vorgänge seiner eigenen Existenz, seines Lebens, seines Handelns, seiner Geschichte zu erspüren.

Die Existenzmeditation ist aus Sicht der Mönchstraditionen und der Tradition des geistlichen Lebens wohl der bedeutendste Weg zur Selbsterkenntnis und Selbstfindung. Dabei sind die Grundlagen der Existenzmeditation die Augenblicke des Glücks. Aus biblischer Sicht gesprochen, bedeutet dies: Die Tatsache, dass wir alle als Mensch persönlich gewollt und grundsätzlich bejaht sind, dass alle Menschen Ebenbild Gottes sind, ist die positive Grundlage jeden Lebens. Von dieser positiven Grundtatsache ausgehend, kann man sein Leben entfalten, weil man sich grundsätzlich angenommen weiß und sein darf, wie man ist.

Die Tatsache der Grundannahme meiner Person schließt ebenso die Grundannahme meiner Geschichte mit ein. So werden wesentlich alle Du-Beziehungen und -Begegnungen zum Inhalt der Existenzmeditation. Im Vollzug der Existenzmeditation hat daher die Betrachtung der zwischenmenschlichen Beziehungen und Begegnungen eine vorrangige Stellung inne. Die Existenzmeditation ist im Kern eine zutiefst religiöse Form der Meditation, die weitere Glaubensvollzüge und Glaubensentscheidungen provoziert und meistens auch nach sich zieht. Dies ist insbesondere dann der Fall, wenn die Existenzmeditation auf der Grundlage eines persönlichen Glaubens vollzogen wird. Texte und Bilder mit religiösem und spirituellem Inhalt wie Bibeltexte, Texte geistlicher Schriftsteller, Darstellungen biblischer und theologischer Inhalte (zum Beispiel Ikonen) können in diesem Zusammenhang als Hilfestellung gesehen werden, die eigene Person, die Geschichte, die Beziehungen usw. vom meditierten Text her aufschließen zu lassen. Man kann hier dann beispielsweise bewusst die Frage stellen, was der meditierte Bibeltext mir ganz persönlich sagt, welche individuelle Interpretation er birgt, in welcher Person oder Begebenheit ich mich wieder finde und welche Konsequenzen im Glauben sich daraus ergeben.

Eine besondere Form der Existenzmeditation stellt die naturale Meditation dar. Sie konfrontiert mit der Natur, mit den Elementen Feuer, Wasser, Luft und Erde, mit allen Geschöpfen und allem Geschaffenen. Meditationen in der Natur, das Erahnen von Weite einer Landschaft, von der Stille des Waldes, von der Klarheit des Wassers etc. kann helfen, meine Existenz in Verbindung zu bringen mit der Welt an sich. Die Bedeutung der Abhängigkeit des menschlichen Lebens und der Lebensqualität von der Natur und vom Schutz der Natur wird einem klarer werden.

Aber auch das Einüben in Vergänglichkeit und Tod wird hier möglich. Die Begegnung mit der Natur lässt den Tod als Lebensprinzip, als etwas zu mir Gehörendes erfahren, welches insbesondere unterstützt durch den christlichen Glauben an die Auferstehung sein bedrohliches Äußeres verliert. Sehr bedeutsam für den Christen an der naturalen Meditation ist die Tatsache, dass gerade die Bibel an vielen Stellen menschliche Existenz, menschliche Erfahrung, aber insbesondere menschliche Hoffnung mit der Natur vergleicht beziehungsweise begründet. Man erinnere sich hier zum Beispiel an die Bibelstellen, in denen Jesus davon spricht, dass Gott für alle Tiere sorgt, dass er die Blumen mit Pracht ausgestattet hat und dass der Mensch sich deshalb keine Sorgen zu machen braucht, weil er ja so viel mehr wert ist als die Tiere oder Blumen. Ebenso spricht Jesus von sich selbst als Weg, als Brot, als Licht. Auch das Wasser hat eine zentrale Bedeutung in der biblischen Verkündigung. Diese Liste lässt sich weiterführen. Gerade auch in diesem Zusammenhang ist eine Verbindung von naturaler Meditation und Bibelmeditation denkbar und oft sehr hilfreich, um in die Tiefe zu gehen.

Wir haben hier nur einige zentrale Meditationsformen betrachtet. Genauere Tipps, wie sie in den Alltag eingebaut werden können, schließen sich in einer Zusammenfassung weiter unten an. Neben stillen Zeiten am Tag kann man auch ganze Tage oder mehrere Wochen der Stille begehen, in denen die Meditationsformen eine bedeutsame Rolle spielen. Solche Tage sind bekannt unter Einkehrtagen und Exerzitien.

Exerzitien

Das Wort Exerzitien kommt aus dem Lateinischen und bedeutet nichts anderes als „Übungen". Diese Form des geistlichen Tuns beziehungsweise der „Geistlichen Übungen" ist schon lange in der geistlichen und klösterlichen Tradition bekannt. Unter diesem Begriff wurden alle möglichen frommen Übungen zusammengefasst, die oft mit großen körperlichen Entbehrungen im Sinne einer starken Leistungsbetonung oder mit Verinnerlichungen bestimmter Gebetsformen zu tun hatten. Hier spielen die großen Mystiker des Mittelalters eine bedeutende Rolle.

Das heute in Klöstern und geistlich geprägten Gruppen zu Grunde liegende Verständnis von Exerzitien geht auf Ignatius von Loyola (1491-1556) und die von ihm geschriebenen „Geistlichen Übungen" zurück. Ignatius, der Gründer des Jesuitenordens, setzte in seinen Exerzitien neue Akzente. Im Mittelpunkt steht das Leben Jesu. Die Betrachtungen und Meditationen orientieren sich an einer Reihenfolge der Betrachtung einzelner Stationen im Leben Jesu im Blick auf das eigene Leben und Handeln. Die Ausrichtung der Exerzitien geht über Selbstfindung und Lebensreflexion hinaus. Zielpunkt ist die Entscheidung. Diese im Schweigen gehaltenen Tage, die immer unter der Leitung eines Exerzitienbegleiters stattfinden, der den Exerzitanten durch die Tage führt und leitet, dauern zwischen 8 und 30 Tage. Fast alle Klöster in Europa bieten solche Exerzitien oder ähnliche geistliche Orientierungshilfen, so genanntes „Kloster auf Zeit", an.

Von dieser intensiven Form ausgehend, haben sich verschiedene Formen weiter entwickelt, die heute in vielen Klöstern in verschiedenen Graden der Intensität angeboten werden. Elemente, die heute bei Exerzitienkursen ebenfalls sehr häufig zusätzlich vermittelt werden, sind Übungen zur Körpererfahrung und Körperwahrnehmung (Eutonie und autogenes Training), Übungen zur Meditation (Übungen des Zen) und auch das Fasten, auf das wir unten noch intensiver zu sprechen kommen werden. Seit einigen Jahren werden auch so genannte Sportexerzitien angeboten, bei denen geistliches Tun mit bewusster Sportausübung – meistens unter Anleitung eines Sportlehrers – verbunden wird. Grundsätzlich ist anzumerken, dass es sehr hilfreich ist, in gewissen – jährlichen oder mehrjährlichen – Abständen solche intensiven Tage der Stille, der Besinnung, der Neuorientierung einzulegen. In den Klöstern ist es eine gute Tradition, einmal im Jahr Exerzitien von 5 bis 10 Tagen zu absolvieren; hier gibt es selbstverständlich Unterschiede bei den einzelnen Orden und geistlichen Traditionen. Diese Tage der Stille haben deshalb eine solche Bedeutung, weil der

Mensch während des Lebens gewisse Abschnitte und Phasen durchläuft, die ihr eigenes Gepräge, ihre Schwierigkeiten und Chancen beinhalten, die es zu entdecken und zu gestalten gilt – eine alte Erkenntnis, die die moderne Entwicklungspsychologie bestätigt.

Den Alltag bestehen trotz Hektik und Unrast

Nachdem wir uns nun ausführlich mit den Grundlagen der Meditation, einem zentralen Weg zum Finden der inneren Ruhe und des ganzheitlichen Gleichgewichts, auseinandergesetzt und Inhalte dargestellt haben, wollen wir nun einige praktische Tipps zusammenfassen, die das „Finden von innerer Stille" erleichtern.

- **Gestalten Sie die Zeit, in der Sie meditieren möchten.** Dies ist die Grundlage. Wenn Sie sich keine Zeit nehmen, werden Sie nicht zum Meditieren, zum Üben von Stille kommen. Vielleicht gibt es eine Tageszeit, in der Sie generell Zeit haben, sich zurückzuziehen. Blockieren Sie sich diese Zeit in Ihrer Terminplanung. Dabei ist es sehr hilfreich, wenn auch Familienmitglieder, Freunde, Partner diese Zeit kennen und diese „Tabuzone" akzeptieren und mittragen, indem ankommende Telefonate durch die anderen Personen erledigt beziehungsweise durch eine Notiz später an Sie weitergegeben werden. Leben Sie allein, kann dies der Anrufbeantworter übernehmen beziehungsweise sollten Sie die Disziplin haben, dann diese Störungen zu ignorieren und bei Nachfragen darauf hinzuweisen, dass Sie um eine bestimmte Zeit nicht gestört werden wollen.

  Ist eine feste Zeit nicht möglich, so sollten Sie am Beginn der Woche einen „Wochenplan" aufstellen und sich die Stillezeiten als „Termine" fest eintragen. Auch hier ist die Disziplin wichtig, diese Termine nicht zu schnell für andere Dinge „abzusagen". Achten Sie darauf, die Stillezeiten nicht zu eng an Folgetermine anzubinden, um nicht in eine innere Unruhe zu fallen. Gerade am Anfang fällt es nämlich schwer, gerade für längere Zeiten gut zur Ruhe zu kommen. Beginnen Sie mit den Übungen zum Still-Werden, zum Atmen in kleinen Zeiträumen. Geduld und nochmals Geduld ist am Beginn wichtig.

Wenn es für Sie schwer möglich ist, sich längere Zeiten (30 bis 60 Minuten) freizumachen, dann sollten Sie über den Tag verteilt kleinere Zeiten einlegen. Dies ist überhaupt sehr ratsam. Alle Tagesabläufe in Klöstern haben einen Wechsel von Arbeits- und Gebetszeiten, wobei die Gebetszeiten, die den Arbeitsablauf unterbrechen, oft nur 10 bis 15 Minuten lang sind. Dies sind aber hervorragende Möglichkeiten, einfach einmal einen Gang herunterzuschalten. 10 Minuten Stillemeditation in der Mittagspause, bei der die Gedanken mal „durchlaufen" dürfen, wirken Wunder! Die bewusste Unterbrechung der Arbeit mit der Schwerpunktsetzung, sich Stille zu nehmen, erhöht die Konzentrationsfähigkeit. Des Weiteren werden durch den Abbau von Anspannung Stress vermindert und Konfliktpotenziale verringert, da man die „Schraube des Sich-Aufputschens" durchbricht. Ebenso am Abend: Eine Stillemeditation vor dem Schlafen mit einem kleinen Tagesrückblick und einem positiven Loslassen des Geschehenen hat schon so manche Person von Einschlafstörungen befreit.

◆ **Gestalten Sie den Ort, an dem Sie meditieren möchten.** Er sollte möglichst frei sein von Ablenkungen, das heißt, es sollte keine „Arbeit" sichtbar sein, also weg von Schreibtisch und Küche. Der Ort muss bequem sein und eine angenehme Gestaltung haben. Sie müssen sich an dem Ort wohl fühlen, trotzdem sollten Sie darauf achten, ihn nicht zu überladen, damit es nicht zu einer versteckten Ablenkung kommt. Eine Kerze und eine Blume können sehr viel bewirken, ebenso die „Einrahmung" mit Hilfe eines (bunten) Tuches. Es kann unterstützend sein, wenn Sie die Möglichkeit haben, das Licht zu dimmen, damit zum Beispiel die Kerze zur Geltung kommt. Wenn Sie eine Bildmeditation vornehmen, sollte das Bild im Zentrum stehen. Die Größe des Bildes muss so gewählt werden, dass Sie es von Ihrem Sitz aus gut sehen und erkennen können, ohne es in die Hand nehmen zu müssen, damit Sie den Körper, insbesondere Arme und Hände, in Ruhe halten können. Bei einer Textmeditation wird dies so nicht möglich sein, deshalb sollten Sie den Text, wenn Sie ihn (mehrfach) gelesen haben, immer wieder aus der Hand legen. Am Meditationsort sollte aber kein anderes Buch, kein anderer Text liegen.

Unternehmen Sie eine naturale Meditation, muss der Gegenstand, beispielsweise eine Schüssel mit Wasser, ein Stein oder dergleichen, im Mittelpunkt sein, sofern Sie diese Form der Meditation nicht draußen in der Natur durchführen. Wenn Sie außer Haus, in der Natur meditieren, ein Tipp, um zur Ruhe zu kommen: Machen Sie einmal folgende Wahrnehmungsübung. Hören Sie immer auf das je leisere Geräusch, den kleineren Vogel, das Rascheln der Blätter, das eigene Atmen; die Konzentration immer auf das je Leisere zuspitzen. Schauen Sie auf den je kleineren Gegenstand, das kleinere Tier, die immer feiner werdende Maserung der Baumrinde, des Blattes; die Konzentration auf das je Kleinere zuspitzen. Aber auch hier: langsam engführen; Sie brauchen Zeit, um erst einmal auf einer Ebene zu verweilen, um wirklich zu hören, zu sehen, zu berühren.

Wenn Sie einmal eine Musikmeditation vornehmen, achten Sie darauf, dass die Musik nicht zu laut ist. Gerade bei dieser Form der Meditation ist es wichtig, dass möglichst keine störenden Nebengeräusche existieren. Ein Kopfhörer kann hier sehr gute Dienste leisten. Die Musik sollte auch nicht zu aufregend sein, Sie müssen sich ohne große Anstrengung von ihr treiben lassen können.

Wichtig: Beschränken Sie sich auf eine Sache! Nehmen Sie nicht einen Text, den Sie gleichzeitig mit einem Bild und Musik betrachten; dies ist zu viel auf einmal. Weniger ist hier mehr!

◆ **Zur Stille finden.** Neben diesen äußeren Organisationen, die wichtig sind und nicht vernachlässigt werden dürfen, ist die Meditationstechnik ebenfalls von Bedeutung. Es gibt eine Fülle von verschiedenen Techniken, die mehr oder minder einer Schulung von außen bedürfen. An dieser Stelle sollen einige Grundelemente genannt werden, die sehr effektiv sind. Sitzen Sie aufrecht. Dabei spielt es keine Rolle, ob Sie einen Stuhl, ein Kissen oder einen Hocker (Meditationshocker) bevorzugen. Die Hände sollten entweder auf den Knien oder mit leicht verschränkten Fingerspitzen am Bauch ruhen.

Atmen Sie ruhig und tief. Die Atembewegung muss „in den Bauch gehen". Beim Atmen muss sich die Bauchdecke bewegen, nicht der Brustkorb. Brustkorbatmung ist zu flach und verschafft keine Ruhe. Spüren Sie Ihrem Atem nach. Atmen Sie langsam.

Gehen Sie im Spüren und in Gedanken ganz bewusst den Weg der Luft mit: vom Mund durch die Luftröhre in die Lunge. Halten Sie dort kurz (2-3 Sekunden) den Atem an, bevor Sie langsam den „Rückweg" antreten. Atmen Sie ganz aus. Kurze (2-3 Sekunden) Pause, und erneut langsam und tief einatmen usw. Bei diesen Atembewegungen und dem bewussten, konzentrierten Nachspüren des Atmens kann man dann die Gedanken „losatmen". Durch die bewusst langsame und tiefe Atmung wird der Kreislauf beruhigt, und man kommt zu einer inneren Ruhe.

Nochmals: Eine flache Brustkorbatmung führt nicht zum Ziel. Haben Sie beim Üben Geduld. Es bedarf einer Zeit, bis dieses Tun so in „Fleisch und Blut" übergeht, dass das Atmen und damit das Finden von Stille immer „selbstverständlicher" gelingt. Seien Sie auch über „Rückschritte" nicht enttäuscht. Besondere Belastungen machen es schwerer, Ruhe zu finden. Dann kann es passieren, dass es plötzlich wieder „schlechter" wird als zu früheren Zeiten. Setzen Sie sich hier nicht unter einen persönlichen Leistungsdruck, denn die Stille soll ein Raum sein, wo kein Leistungsdruck herrscht.

Nehmen Sie das Geschehen wertungsfrei wahr, und lassen Sie sich nicht durch negative Gedanken wie: „Bei mir klappt das eh nicht!“ entmutigen.

- **Es ist sehr hilfreich, wenn Sie sich ab und an ganze Tage der Auszeit gönnen,** an denen Sie allein wegfahren in eine ruhige Gegend – möglichst nicht in Städte oder Dörfer –, um durch eine Atmosphäre der Ruhe, die Sie den gesamten Tag umgibt, selber Ruhe zu finden. Beliebte Ausflugsziele am Sonntag sind hier auch nicht geeignet. Ziehen Sie sich doch einfach einmal in ein Kloster zurück. Leben Sie einfach den Tag mit den Mönchen und Nonnen mit, um einmal den Wechsel von Arbeit und Ruhe selbst zu erleben. Fast alle größeren Klöster, insbesondere der eher kontemplativen Orden (Benediktiner, Zisterzienser etc.), bieten solche Möglichkeiten auch für mehrere Tage an. Es ist hier sinnvoll, sich mehrere Tage zu gönnen, um sich erst einmal in den Tagesablauf einzufinden und ihn zu durchschauen. Oft werden bei solchen Angeboten die Unkosten durch die Mitarbeit abgegolten.

Versuchen Sie einfach einmal, Ihren Tag, Ihre Woche durch Zeiten der Ruhe und Stille, der Meditation anzureichern und zu unterbrechen. Solches Wechseln von Ruhe und Arbeit führt Sie hin zu größerer Ausgeglichenheit und Konzentrationsfähigkeit.

Fasten und Verzicht

In Verbindung mit Tagen der Stille, mit Exerzitien wird oft das Fasten genannt. Das Fasten ist ebenfalls eine alte klösterliche Tradition, die sich wie das Meditieren durch alle Zeiten, Religionen und Kulturen hindurchzieht, also auch auf Grunderfahrungen des Menschen aufbaut.

Auch hier zunächst einige grundlegende Bemerkungen, die unter anderem helfen sollen, sich von falschen Vorstellungen über das Fasten zu verabschieden:

Fasten ist keine Diät! Fasten ist mehr als „Nicht-Essen". Richtig verstandenes Fasten, welches landläufig auch Heilfasten genannt wird, hat als gesundheitliche Dimension die „Reinigung des Körpers von innen". Während des Fastens schaltet der Mensch quasi von einer äußeren zu einer inneren Ernährung um, bei der in erster Linie Zellen und Stoffe abgebaut werden, die im Zellenverband des menschlichen Körpers störend wirken, die „alt" oder „krank" sind.

Diese innere „Generalreinigung" ist oft mit Beschwerden verbunden. Zunächst gestaltet sich das Umstellen auf die innere Ernährung am Beginn der Fastenkur problematisch, weil der Körper eine Zeit benötigt, um sich daran zu gewöhnen, keine Nahrung mehr zugeführt zu bekommen. Kopfschmerzen, Schwindelgefühle, ein „pappiger Mund", Nervosität oder sogar aggressive Unruhe können auftreten; Letzteres ist im Grunde die Angst vor der neuen Situation, eine innere, oft unbewusste Sorge, ohne Nahrung nicht überleben zu können. Diese Beschwerden klingen meist schnell ab. Aber auch während des Fastens können so genannte Krisentage auftreten, an denen zum Beispiel alte Operationsnarben zu schmerzen beginnen.

Deshalb ist im Allgemeinen ein erstes Heilfasten im Alleingang nicht zu empfehlen. Machen Sie zunächst einen begleiteten Fastenkurs mit, um mit Hilfe der Fastenbegleiterin, des Fastenbegleiters diese Reaktionen des eigenen Körpers und der Seele kennen und mit ihnen umgehen zu lernen. Fasten ist nämlich – wie der Mensch überhaupt – ein ganzheitliches Geschehen und muss ganzheitlich angegangen werden. Fasten hat deshalb auch eine spirituelle Dimension. Mit der Umstellung der Ernährung auf eine Ernährung von innen wächst in der Regel auch das Bedürfnis nach inneren Fragen. Selbstfindung und Selbsterkenntnis sind die spirituellen Früchte des Fastens.

Auch mit Hilfe des Fastens, welches durch die Meditation begleitet wird, kann man an seinem positiven Selbstbild arbeiten und es vertiefen. Das spirituell orientierte Fasten wird dann zu einem Heilfasten, wenn man neben den medizinischen und psychologischen Erkenntnissen ebenso die tatsächlichen Gesetze des Leibes und der Seele ernst nimmt. Um diese ganzheitliche Sicht zu lernen, ist es – wie oben schon angemerkt – hilfreich, zunächst das Fasten unter fachkundiger Begleitung zulernen.

Eine der Grundvoraussetzungen für ein richtiges Fasten ist Zeit. Die benötigen Sie für die Vorbereitung und die Durchführung der einzelnen Etappen. Ebenso ist es wichtig, dass Sie während des Fastens im Tagesablauf ausreichend Zeit für Stille und Besinnung haben. Hier zeigt sich schon die Verbindung zwischen Fasten und Meditation; Fasten gelingt nicht ohne Zeiten der Stille! Wählen Sie deshalb für die Zeit des Fastens eine Zeit, in der Sie nicht unter besonders hohen beruflichen, persönlichen und gesellschaftlichen Verpflichtungen stehen. Sie brauchen nämlich Zeit für Stille und Besinnung, denn die seelisch-psychischen Früchte des Fastens kommen nicht von selbst.

Auch hier ist es wichtig, zumal wenn Sie einmal zu Hause fasten, dass ihr direktes Umfeld (Familie, Partnerschaft) Ihr Fasten positiv unterstützt und mitträgt; vielleicht kann man einmal mit der gesamten Familie gemeinsam fasten. In diesem Zusammenhang sei darauf hingewiesen, dass Kinder den direkten „Kinderschuhen“ entwachsen sein sollten. Vor Vollendung des 14./15. Lebensjahres erscheint das Fasten weniger sinnvoll, da die Motivations- und Einsichtsfähigkeit noch nicht in dem Maße gegeben ist.

Des Weiteren ist es eine irrige Auffassung, dass die Wirkung des Fastens sich entsprechend der Radikalität der Durchführung steigert. Fasten ist keine Leistungsshow!

Das konkrete Fasten hat drei Phasen:

- der Einstieg mit der „Umschaltung“;
- das eigentliche Fasten;
- das Fastenbrechen mit dem Aufbau.

Jede Phase hat ihre „Tücken". Manche werden bei der ersten Phase oder vorher von einer Hektik befallen oder versuchen zum Beispiel die Darmentleerung möglichst rasch hinter sich zu bringen. Die Darmentleerung kann durch Kamillentee-Einläufe und/oder durch das Trinken von Glaubersalzlösung oder F X Passage Salz eingeleitet werden. Die zweite Phase hat – wie oben schon erwähnt – ihre Krisentage. Die dritte Phase, die von vielen als die schwierigste bezeichnet wird, sollte mindestens ein Drittel der gesamten Zeit ausmachen. Ihr Körper und Ihre Seele werden nicht mitmachen, wenn Sie sofort wieder auf „normal" umschalten. In kleinen aufbauenden Schritten müssen Sie sich wieder an die normale Ernährung herantasten. Hier gilt wie beim Einstieg: Körper und Seele brauchen Zeit, um mitzukommen.

Während des Fastens ist es wichtig,

- viel zu trinken,
- auf regelmäßige Mund- und Hautpflege zu achten, das heißt: regelmäßig duschen, aber keine heißen Bäder nehmen.
- sich Möglichkeiten schaffen, viel an frischer Luft zu sein.

Wichtig für gelingendes Fasten, das keine egoistische Selbstbetrachtung ist, ist ein Ziel, eine innere Motivation. Hilfreich ist ein „Fasten für etwas"; hier ist zum Beispiel die bewusste Solidarisierung mit leidenden Menschen sinnvoll, um so mit eigenen „Zipperlein" besser und angemessener umgehen zu können. Fasten kann hier eine bewusste politisch-soziale Dimension erhalten, ohne dabei zum Hungerstreik zu werden. Man denke an Gandhi und seine friedlichen Fastenaktionen.

Vorschlag für eine kleine Fastenkur

1. Phase. Einstieg mit der „Umschaltung“

1. Tag:

leichte Kost, möglichst Rohkost, kein Fleisch, nicht mehr als 3 Mahlzeiten, viel trinken (kann auch auf zwei Tage ausgedehnt werden).

2. Tag:

Darmentleerung durch Kamillentee-Einläufe und/oder durch das Trinken von Glaubersalzlösung oder F X Passage Salz. Nach der Darmentleerung mit der 2. Phase beginnen, also trinken ...

2. Phase: das eigentliche Fasten

3.-8. Tag:

- morgens: 1/4 l Tee mit Zitrone
- mitttags: 1/4 l salzarme Gemüsebrühe
- nachmnittags: 1/4 l Tee mit Zitrone
- abends: 1/4 l Obst- oder Gemüsesaft
- Über den Tag verteilt, trinkt man 1- 1 1/2 l Mineralwasser.
- Nach der Buchinger-Methode kann man zusätzlich 1 Teelöffel Honig, aufgelöst in einem der Getränke, zu sich nehmen.
- Ältere Menschen, deren Eiweißbedarf höher ist, können die Getränke um ein Glas Buttermilch erweitern.

3. Phase: Fastenbrechen mit dem Aufbau

9. Tag:

- morgens: 1/4 l Tee mit Zitrone
- mittags: 1 Schale Apfelkompott oder 1 Apfel (gut kauen!)
- nachmittags: 1 Schale Apfelkompott oder 1 Apfel (gut kauen!)
- abends: Suppe aus Haferschleim, Reis oder Kartoffeln, nicht gesalzen, allenfalls mit ein paar Kräutern gewürzt.

10. Tag:

- morgens: 1 Apfel oder 1 Orange, 2 Scheiben Knäckebrot mit Quark
- mittags: Kartoffelpüree oder Reis, Karotten- oder Selleriesalat, 200 g Dickmilch
- nachmittags: 1 Tee mit Zitrone oder 1 Tasse Buttermilch oder Obst
- abends: 2 Äpfel, 1 Scheibe Knäckebrot mit Butter, 50 g Quark, 1/4 l Tee

11. Tag:

- morgens: Müsli, 2 Scheiben Knäckebrot mit Butter
- mittags: Rohkost, Omelett, Quark
- nachmittags: Obst
- abends: Pellkartoffeln, Radieschen, Frischkäse, Tee

12. Tag:

An diesem Tag leichte Kost zu sich nehmen, möglichst vegetarisch. An den nachfolgenden Tagen auch überwiegend vegetarische Nahrung aufnehmen, danach langsam zu eiweißreicher Speise übergehen

Adressen

Hier finden Sie Adressen von Klöstern in Deutschland, Österreich und der Schweiz, in denen Sie als Gast willkommen sind.

Aachen
Benediktinerabtei Kornelimünster
D-52076 Aachen
Oberforstbacher Str. 71
Tel. 0 24 08/30 55

Admont
Benediktinerstift St. Blasius
A-8911 Admont/Steiermark
Tel. 0 36 13/2 31 26 01

Aigen
Prämonstratenser-Chorherrenstift
A-4160 Aigen/Oberösterreich
Tel. 0 72 81/8 80 10

Alexanderdorf
Benediktinerinnenabtei St. Gertrud
D-15806 Alexanderdorf
Tel. 03 37 03/9 16-0

Allensbach
Provinzhaus Hegne der Barmherzigen Schwestern vom Heiligen Kreuz
D-78476 Allensbach
Konradistr. 4
Tel. 0 75 33/80 70

Altdorf
Allerheiligenkloster der Kapuziner
CH-6460 Altdorf/Uri
Tel. 0 41/8 74 07 30

Altenburg
Benediktinerstift
A-3591 Altenburg/Niederösterreich
Benediktinerabtei 1
Tel. 0 29 82/34 51

Altenstadt
Benediktinerinnenabtei Engelthal,
D-63674 Altenstadt 1
Tel. 0 60 47/98 79 03 05

Andechs
Benediktinerkloster
D-82346 Andechs über Starnberg
Bergstr. 2
Tel. 0 81 52/37 60

Appenzell
Kapuzinerkloster
CH-9050 Appenzell/Innerrhoden
Hauptgasse 49
Tel. 0 71/7 88 13 33

Arth am See
Kapuzinerkloster
CH-6415 Arth am See/Schwyz, Postfach 22
Tel. 0 41/8 55 12 70

Bad Wimpfen
Benediktinerabtei Grüssau,
D-74200 Bad Wimpfen, Postfach 160
Tel. 0 70 63/9 70 40

Bad Wurzach
Kartause Marienau
D-88410 Bad Wurzach
Tel. 0 75 65/12 01

Baden/Schweiz
Priesterheim Mariawil der Redemptoristen
CH-5400 Baden
Bruggerstr. 142
Tel. 0 56/2 03 00 44

Baldegg
Kloster Baldegg, Schwestern von der Göttlichen Vorsehung aus dem Regulierten Dritten Orden des heiligen Franziskus
Kloster Baldegg, Mutterhaus
Sonnhaldenstrasse 2
CH-6283 Baldegg
Tel. 0 41/914 18 00

Bamberg
Missionshaus Bug der Missionsbrüder des heiligen Franziskus von Assisi,
D-96049 Bamberg, Schloßstraße 30
Tel. 09 51/5 62 14

Baumgartenberg
Kloster der Schwestern vom Guten Hirten und Franziskanerkloster
A-4342 Baumgartenberg 1/Oberösterreich,
Tel. 0 72 69/2 04

Benediktbeuern
Kloster Benediktbeuern,
D-83671 Benediktbeuern, Don-Bosco-Str. 1
Tel. 0 88 57/88-0

Beverungen
Benediktinerinnenabtei vom Heiligen Kreuz
D-37688 Beverungen
Carolus-Magnus-Str. 9
Tel. 0 52 73/80 40

Billerbeck
Benediktinerabtei Gerleve,
D-48727 Billerbeck
Tel. 0 25 41/80 00

Birkenwerder
Kloster St. Teresa der Teresianischen Karmeliten
D-16547 Birkenwerder, Schützenstr. 12
Tel. 0 33 03/50 34 19

Bollingen
Zisterzienserinnenabtei Mariazell Wurrnsbach
CH-8715 Bollingen/St. Gallen
Tel. 0 55/2 25 49 00

Borken
Kloster Burlo der Oblaten der Makellosen Jungfrau Maria
D-46325 Borken
Tel. 0 28 62/30 20

Cazis
Dominikanerinnenkloster
CH-7408 Cazis/Graubünden
Tel. 0 81/6 51 14 32

Cham
Redemptoristenkloster Mariahilf
D-93413 Cham
Tel. 0 99 71/2 00 05 (Kloster)
0 99 71/2 00 00 (Exerzitienhaus).

Dahlem
Abtei Maria Frieden der Zisterzienserinnen von der strengeren Observanz (Trappistinnen)
D-53949 Dahlem
Tel. 0 24 47/14 74

Dalherda
Hans-Asmussen-Haus der St. Jakobus Bruderschaft
D-36129 Gersfeld
Gichenbacher Str. 9
Tel. 0 66 56/85 66

Dietfurt
Franziskanerkloster
D-92345 Dietfurt
Klostergasse 8
Tel. 0 84 64/65 20

Dietramszell
Kloster der Salesianerinnen,
D-83623 Dietramszell
Tel. 0 80 27/8 01

Disentis
Benediktinerabtei
CH-7180 Disentis/Graubünden
Tel. 0 81/9 29 69 00

Dormagen
Kloster Knechtsteden der Spiritaner
D-41540 Dornvagen
Tel. 0 21 33/86 90

Duisburg
Prämonstratenserkloster St.
Johann Abtei Harnborn
An der Abtei 4
D-47166 Duisburg
Tel. 02 03/55 42 81

Edlibach
Lassalle-Haus Bad
Schönbrunn der Gesellschaft Jesu
CH-6313 Edlibach/Zug
Tel. 0 41/7 57 14 14

Einsiedeln
Benediktinerabtei
CH-8840 Einsiedeln/Schwyz
Tel. 0 55/418 61 11

Engelberg
Benediktinerabtei
CH-6390 Engelberg/Luzern
Tel. 0 41/6 39 61 61

Ettal
Benediktinerabtei
D-82488 Ettal
Tel. 0 88 22/7 40

Falkenstein
Christusbruderschaft
D-93167 Falkenstein
Krankenhausstr. 26
Tel. 0 94 62/9 40 00

Fischingen
Benediktinerkloster
CH-8376 Fischingen/Thurgau
Tel. 0 73/9 78 72 50

Frauenchiemsee
Benediktinerinnenabtei Frauenwörth
im Chiemsee
D-83256 Frauenchiemsee
Tel. 0 80 54/90 70

Fulda
Benediktinerinnenabtei zur
heiligen Maria
D-36037 Fulda
Nonnengasse 16
Tel. 06 61/2 20 61

Fulda
Mutterhaus der Barmherzigen Schwestern
vom heiligen Vinzenz von Paul
D-36037 Fulda
Kanalstr. 22
Tel. 06 61/28 50

Gars am Inn
Redemptoristenkloster
D-83536 Gars am Inn
Kirchplatz 10
Tel. 0 80 73/38 80

Gau-Algesheim
Benediktinerkloster, Jakobsberg
D-55435 Gau-Algesheim
Tel. 0 67 25/30 40

Gelterkinden
Retraitenhaus Sonnenhof der Schwestern
von Grandchamp
CH-4460 Gelterkinden/Baselland
Tel. 0 61/9 81 11 12

Gessertshausen
Zisterzienserinnenabtei Oberschönenfeld,
D-86459 Gessertshausen
Tel. 0 82 38/9 62 50

Goslar
Evangelisches Gethsemanekloster
D-38644 Goslar
Riechenberg 1
Tel. 0 53 21/2 17 12

Göttweig
Benediktinerstift
A-3511 Furth bei Göttweig/Niederösterreich
Tel. 0 27 32/85 58 10

Graz
Franziskanerkloster
A-8010 Graz/Steiermark
Franziskanerplatz 14,
Tel. 03 16/82 71 72

Graz
Kloster Maria Schnee der
Unbeschuhten Karmeliten
A-8010 Graz/Steiermark
Grabenstraße 144,
Tel. 03 16/68 22 06

Greifenstein
Haus der Stille, Waldhof-Elgershausen
D-35753 Greifenstein
Tel. 0 64 49/67 98

Großlittgen
Zisterzienserabtei Himmerod
D-54534 Großlittgen
Tel. 0 65 75/9 51 30

Heiligenstadt
Redemptoristenkloster St. Klemens
D-37308 Heilbad Heiligenstadt
Auf der Rinne 17
Tel. 0 36 06/60 80 30

Heimbach
Trappistenabtei Mariawald
D-52396 Heimbach
Tel. 0 24 46/9 50 60

Hildesheim
Benediktinerinnenpriorat
Kloster Marienrode
D-31139 Hildesheim-Marienrode
Tel. 0 51 21/93 0,110

Hünfeld
Bonifatiuskloster der Oblaten der
Makellosen Jungfrau Maria
D-36088 Hünfeld
Tel. 0 66 52/9 40

Hünfelden
Kommunität Gnadenthal der Jesus
Bruderschaft
D-65597 Hünfelden, Hof Gnadenthal
Tel. 0 64 38/8 10

Immensee
Missionshaus Bethlehem der Societas
Missionaria de Bethlehem
CH-6405 Immensee/Schwyz
Bethlehemweg, Tel. 0 41/8 54 11 00

Ingenbohl-Brunnen
Mutterhaus der Barmherzigen
Schwestern vom Heiligen Kreuz
CH-6440 Ingenbohl-Brunnen/Schwyz
Tel. 0 41/8 25 20 00

Innsbruck
Kolleg der Gesellschaft Jesu (Jesuiten
A-6021 Innsbruck/Tirol
Sillgasse 6
Tel. 05 12/5 34 60

Kall-Steinfeld
Benediktinerinnenabtei Maria
Heimsuchung
D-53925 Kall, Hermann Josef-Str. 6
Tel. 0 24 41/43 40

Kall-Steinfeld
Kloster und Hermann-Josef-Kolleg
der Salvatorianer
D-53925 Kall, Hermann-Josef-Str. 4
Tel. 0 24 41/88 90

Kellenried
Benediktinerinnenabtei St. Erentraud
D-88276 Berg
Tel. 0 75 05/9 56 60

Klagenfurt
Ursulinenkloster
A-9020 Klagenfurt/Kärnten
Ursulinengasse 1
Tel. 04 63/5 13 51 60

Koblenz-Pfaffendorf
Kloster Bethlehem der Klarissen-Kapuzinerinnen von der Ewigen Anbetung
D-56076 Koblenz-Pfaffendorf
Hermannstr. 29
Tel. 02 61/7 33 57

Köln
Herz-Jesu-Kloster der Benediktinerinnen vom Heiligsten Sakrament
D-50968 Köln
Brühler Str. 74
Tel. 02 21/9 37 06 70

Kremsmünster
Benediktinerstift
A-4550 Kremsmünster/Oberösterreich
Tel. 0 75 83/5 27 51 51

Kufstein
Missions- und Exerzitienhaus „Maria Hilf“
A-6330 Kufstein/Tirol
Lindenallee 13
Tel. 0 53 72/6 26 20

Lahnstein
Kloster Allerheiligenberg der Oblaten der Makellosen Jungfrau Maria,
D-56112 Lahnstein
Am Allerheiligenberg 63
Tel. 0 26 21/74 78

Lambach
Benediktinerstift
A-4650 Lambach/Oberösterreich
Klosterplatz 1
Tel. 0 72 45/2 17 10

Landshut
Zisterzienserinnenabtei Seligenthal
D-84034 Landshut
Bismarckplatz 14
Tel. 08 71/82 10

Leipzig
Dominikanerkloster St. Albert
D-04159 Leipzig-Wahren
Georg-Schumann-Str. 336
Tel. 03 41/46 76 60

Lilienfeld
Zisterzienserstift
A-3180 Lilienfeld/Niederösterreich
Tel. 0 27 62/52 42 00 oder 5 24 20

Linz
Jesuitenresidenz Alter Dom
A-4010 Linz/Oberösterreich
Domgasse 3
Tel. 07 32/7 70 86 60

Ludwigshafen
Kloster Oggersheim der Franziskaner-Minoriten
D-67071 Ludwigshafen
Kapellengasse 10
Tel. 06 21/68 24 07

Maria Laach
Benediktinerabtei
D-56653 Maria Laach
Tel. 0 26 52/5 90

Maria Luggau
Setvitenkloster
A-9655 Maria Luggau/Kärnten
Tel. 0 47 16/6 01

Mariastein
Benediktinerkloster
CH-4115 Mariastein/Solothurn
Tel. 0 61/7 35 11 11

Mariazell
Benediktiner-Superiorat
A-8630 Mariazell/Steiermark
K.-E.-Tisserant-Platz 1
Tel. 0 38 82/2 59 50

Marienstatt
Zisterzienserabtei
D-57629 Marienstatt
Tel. 0 26 62/9 53 50

Melk
Benediktinerstift
A-3390 Melk/Niederösterreich
Abt-Berthold-Dietmayr-Str. 1
Tel. 0 27 52/52 31 22 25

Mels
Kapuzinerkloster
CH-8887 Mels, St. Gallen
Tel. 0 81/7 23 13 86

Menzingen
Kapuzinerinnenkloster Maria Hilf
CH-6313 Menzingen/Zug
Tel. 0 41/7 55 13 18

Meschede
Benediktinerabtei Königsmünster
D-59872 Meschede
Klosterberg 11
Tel. 02 91/2 99 50

Mödling
St. Gabriel, SVD (Gesellschaft des Göttlichen Wortes) Steyler Missionare
A-2340 Mödling
Tel. 0 22 36/80 30

Mönchengladbach
Kloster Neuwerk der Salvatorianerinnen
D-41066 Mönchengladbach
Dammer Str. 165
Tel. 0 21 61/66 80

München
Benediktinerabtei St. Bonifaz
D-80333 München
Karlstr. 34
Tel. 0 89/55 17 10

Münsterschwarzach
Benediktinerabtei.
D-97359 Münsterschwarzach
Schweinfurter Str. 40
Tel. 0 93 24/2 01

Muotathal
Franziskanerinnenkloster St. Josef
CH-6436 Muotathal/Schwyz
Tel. 0 41/8 30 11 14

Näfels
Franziskanerkloster Mariaburg
CH-8752 Näfels/Glarus
Tel. 0 55/6 12 28 18

Neresheim
Benediktinerabtei
D-73450 Neresheim
Kloster 0 73 26/85 01
Hospiz 0 73 26/8 52 01

Nestelbach
Kloster der Dominikanerinnen von Bethanien
A-8302 Nestelbach/Steiermark
Gemeinde Krumegg
Brunn 20
Tel. 0 31 33/22 23

Niederteufen
Kapuzinerinnenkloster Wonnenstein
CH-9052 Niederteufen/Appenzell
Tel. 0 71/3 33 13 61

Oberaudorf
Kloster Reisach der Unbeschuhten Karmeliten
D-83080 Oberaudorf
Klosterweg 20
Tel. 0 80 33/14 65

Ostrach
Benediktinerinnenkloster Habsthal
D-88356 Ostrach
Tel. 0 75 85/6 56

Ottobeuren
Benediktinerabtei Ottobeuren
D-87724 Ottobeuren
Sebastian-KneippStr. 1
Tel. 0 83 32/7 98-0

Plankstetten
Benediktinerabtei
D-92334 Berching
Klosterplatz 1
Tel. 0 84 62/20 60

Rankweil
Klein Theresien Karmel
A-6830 Rankweil/Vorarlberg
Treietstr. 18
Tel. 0 55 22/4 23 49

Reichersberg am Inn
Augustiner-Chorherrenstift
A-4981 Reichersberg/Oberösterreich
Tel. 0 77 58/2 31 30

Rein
Zisterzienserstift
A-8103 Rein/Steiermark
Tel. 0 31 24/6 16 21 33

Ried
Redemptoristinnenkloster St. Anna
A-4910 Ried/Innkreis
Tel. 0 77 52/82 45 00

Rödelsee
Schloss Schwanberg – Communität
Casteller Ring
D-97348 Rödelsee
Schwanberg, Tel. 0 93 23/3 20

Röderhof
Benediktinerkloster Huysburg
D-38838 Röderhof, Huysburg 2
Tel. 03 94 25/96 10

Rohr
Benediktinerabtei Braunau
D-93352 Rohr, Asamstr. 7
Tel. 0 87 83/9 60 00

Rüdesheim-Eibingen
Abtei St. Hildegard
D-65385 Rüdesheim-Eibingen
Tel. 0 67 22/4 99-0

Salzburg
Benediktinerinnenabtei Nonnberg
A-5020 Salzburg
Nonnberggasse 2
Tel. 0 62 22/84 16 07

Salzburg
Missionshaus Liefering
der Herz-Jesu-Missionare
A-5013 Salzburg
Schönleitenstr. 1
Tel. 06 62/43 29 01

Sarnen
Benediktinerkolleg
CH-6060 Sarnen/Obwalden
Brünigstr. 177
Tel. 0 41, 16 60 10 22

Sarnen
Benediktinerinnenkloster St. Andreas
CH-6060 Sarnen/Obwalden
Brünigstr. 157
Tel. 0 41/6 60 11 61

Scheinfeld
Kloster Schwarzenberg
der Franziskaner-Minoriten
D-91443 Scheinfeld
Tel. 0 91 62/92 88 90

Scheyern
Benediktinerabtei
D-85298 Scheyern
Tel. 0 84 41/75 20

Schlehdorf
Dominikanerinnenkloster
D-82444 Schlehdorf
Tel. 0 88 51/18 11 60

Schlierbach
Zisterzienserstift
A-4553 Schlierbach 1/Oberösterreich
Tel. 0 75 82/8 30 13

Seckau
Benediktinerabtei
A-8732 Seckau/Obersteiermark
Tel. 0 35 14/5 23 40

Seevetal
Cella St. Hildegard der Evangelischen Schwesternschaft Ordo Pacis
D-21217 Seevetal
An den Ziegelteichen 5
Tel 0 41 05/4 04 53

Seitenstetten
Benediktinerstift,
A-3353 Seitenstetten/Niederösterreich
Am Klosterberg 1
Tel. 0 74 77/4 23 00

Selbitz
Christusbruderschaft
D-95152 Selbitz
Wildenberg 23
Tel. 0 92 80/6 80 (Mutterhaus)
oder 68 50 (Gästehaus)

Siegburg
Benediktinerabtei St. Michael
D-53721 Siegburg
Michaelsberg
Tel. 0 22 41/12 90

Solothurn
Kapuzinerkloster
CH-4502 Solothurn
Kapuzinerstr. 18
Tel. 0 32/6 22 71 33

Spaichingen
Claretiner-Missionshaus
Dreifaltigkeitsberg
D-78549 Spaichingen
Dreifaltigkeitsberg
Tel. 0 74 24/95 83 50

St. Andrä
Kloster Maria Loretto der Töchter der Göttlichen Liebe
A-9433 St. Andrä/Kärnten
Wölzing 19
Tel. 0 43 58/21 01

St. Augustin
Missionspriesterseminar der Gesellschaft des Göttlichen Wortes
D-53757 St. Augustin
Arnold-Janssen-Str. 30
Tel. 0 22 41/23 72 01

St. Florian
Augustiner-Chorherrenstift
A-4490 St. Florian/Oberösterreich
Stiftstr. 1
Tel. 0 72 24/8 90 20

St. Lambrecht
Benediktinerabtei
A-8813 St. Lambrecht
Hauptstr. 1
Tel. 0 35 85/2 30 50

St. Ottilien
Erzabtei der Missionsbenediktiner
D-86941 St. Ottilien/Oberbayern
Tel. 0 81 93/7 10

Stadtlauringen
Schloß Craheim der Lebensgemeinschaft für die Einheit der Christen
D-97488 Wetzhausen/Stadtlauringen
Tel. 0 97 24/9 10 00

Strahlfeld
Kloster St. Dominikus der Missionsdominikanerinnen vom Heiligsten Herzen Jesu
D-93426 Roding
Tel. 0 94 61/21 65

Tettenweis
Benediktinerinnenabtei St. Gertrud
D-94167 Tettenweis
Tel. 0 85 34/9 70 91 23

Tholey
Benediktinerabtei St. Mauritius
D-66636 Tholey
Tel. 0 68 53 / 9 10 40

Thyrnau
Zisterzienserinnenabtei St. Josef
D-94136 Thyrnau
Abteistr. 1
Tel. 0 85 01/2 86

Travenbrück
Benediktinerkloster Nütschau
D-23843 Travenbrück
Tel. 0 45 31/5 00 40

Trier
Benediktinerabtei St. Matthias
D-54290 Trier
Matthiasstr. 85
Tel. 06 51/3 10 79

Untermarchtal
Mutterhaus der Barmherzigen Schwestern vom heiligen Vinzenz von Paul
D-89617 Untermarchtal
Margarita-Linder-Str. 8
Tel. 0 73 93/3 00

Vierzehnheiligen
Mutterhaus der St.-Franziskus-Schwestern von Vierzehnheiligen
D-96231 Staffelstein
Tel. 0 95 71/9 56 00

Vilsbiburg
Kloster Seyboldsdorf der Magdalenerinnen von der Buße
D-84137 Vilsbiburg, Klosterweg 7
Tel. 0 87 41/64 22

Vilshofen
Benediktinerabtei Schweiklberg
D-94474 Vilshofen
Tel. 0 85 41/20 90

Vöcklabruck
Mutterhaus der Kongregation der Armen Schulschwestern vom Dritten Orden des heiligen Franziskus Seraphicus
A-4840 Vöcklabruck/Oberösterreich
Salzburger Str. 18
Tel. 0 76 72/72 66 70

Weesen
Kloster Maria Zuflucht der Dominikanerinnen des Zweiten Ordens
CH-8872 Weesen/St. Gallen
Im Städtli 29
Tel. 0 55/6 16 16 25

Weingarten
Benediktinerabtei St. Martin
D-88250 Weingarten
Tel. 07 51/5 09 60

Weltenburg
Benediktinerabtei St. Georg und Martin
D-93309 Kelheim
Asamstr. 32
Tel. 0 94 41/20 40

Werthenstein
Kloster der Missionare von der Heiligen Familie
CH-6106 Werthenstein/Luzern
Tel. 0 41/4 90 12 65

Wien
Abtei Unserer Lieben Frau
zu den Schotten
A-1010 Wien
Freyung 6
Tel. 01/53 49 80

Wien
Exerzitien- und Bildungshaus Lainz der Gesellschaft Jesu
A-1130 Wien
Lainzer Str. 138
Tel. 01/80 47 59 30

Wien
Kapuzinerkloster, A-1010 Wien
Tegetthoffstr. 2
Tel. 01/5 12 68 53

Wien
Kloster der Dienerinnen
des Heiligsten Herzens Jesu
A-1030 Wien
Keinergasse 37/Baumgasse 20A
(Herz-Jesu-Krankenhaus)
Tel. 01/7 12 26 84

Wien
Kollegium Kalksburg der Gesellschaft Jesu (Jesuiten)
A-1230 Wien-Kalksburg
Promenadenweg 3
Tel. 01/8 88 41 58

Wien
Piaristenkolleg Maria Treu
A-1080 Wien
Piaristengasse 43
Tel. 01/4 05 04 25

Windberg
Prämonstratenserabtei Windberg
D-94336 Windberg
Pfarrplatz 22
Tel. 0 94 22/82 40

Zug
Kapuzinerinnenkloster Maria Opferung
CH-6300 Zug/Zug
Tel. 0 41/7 29 52 17

Zwettl
Zisterzienserstift
A-3910 Stift Zwettl/Niederösterreich
Tel. 0 28 22/55 00

Bezugsquellen für HildegardMedikamente und Dinkelprodukte:

Hildegard-Drogerie AG
Aeschenvorstadt 24
CH-4010 Basel
Tel. 0 61/2 79 91 51

Firma Jura,
Gollwitzer KG, Nestgasse 2
78464 Konstanz,
Tel. 0 75 31/3 14 87

St. Hildegard Posch Ges.mbH
Am Weinberg 23
A-4880 St. Georgen im Attergau
Tel. 0 76 67/81 31